U0043898

Coach 父母學 _{全新增訂版}

從「教養」變「教練」，
諮商博士教你面對難懂的青春期兒女

諮商心理學博士 陳恆霖 —— 著

增訂版序

面對驟變的
新時代

　　我猜想全世界第一個便利商店的店名是「父母」，這也是第一個職業。打從母親懷胎開始到胎兒出生，「父母」的角色於焉出現，開始了全年無休的日子，不僅無薪資所得和年終獎金，還得付出許多開銷，既沒有休假也無補休，更沒有父母職務退休金。

　　在養育孩子和教養過程，費盡心思和付出體力，得到的是歲月的增長和體力逐漸的衰老。與此同時，在付出的背後，看著孩子成熟長大，並活出個別而獨特的生命樣貌，也有無上的喜悅與欣慰，與孩子的連結與親密，是任何工作與酬勞無法比擬的。

　　過去十年來時代變遷與環境的變化，遠遠超過我們所能想像的，包括資訊科技的日益更新（AI，ChatGPT等）、地緣政治與國際關係的瞬息萬變、新冠疫情全球肆虐等諸多因素，影響了全球化結構的改變、企業的轉型、工作和生活型態的改變。居家辦公、遠距教學、網路媒體、線上購物、外送等新興平台的崛起，這些衝擊的影響深入每個人的真實世界與內在心理。

　　網路興起與3C產品造就了便利的生活與消費型態，而有更便捷

的生活。網路社群與媒體的快速發展，產生人人皆能自我發聲的社會多元聲音，同時社群中的隱匿性增加，及個人隱私缺乏保障的現象，在在影響人際關係與互動，產生真實生活與虛擬世界的混淆。

疫情期間遠距教學的便利性，可以縮短時空距離，卻也減少師生與同儕互動，學生的學習效果降低。面對面的人際互動急遽降低，家庭成員相處的時間增加，有了更緊密的接觸，同時家庭關係的衝突可能也隨之增加。家庭面對驟變的新時代，養兒育女的觀念同樣也受到衝擊，父母親要如何因應大環境的改變呢？

本書增訂因應時代變遷對家庭教養帶來的影響，除了初版文字的潤飾與部分內容修正外，新增「網路沉迷或成癮」、「人際霸凌」兩個受到關心與矚目的議題。

父母面對網路沉迷或成癮的孩子如何因應與處理？如何判斷孩子上網的安全意識及網路沉迷？本書也提供「網路識讀量表」、「網路沉迷檢核表」、「網路沉迷自我檢測」等三個工具，讓父母作為初步篩檢參考。

當孩子受到不同形式霸凌的心理創傷時，又如何協助孩子呢？父母一定懇切期盼協助孩子脫離虛擬世界，或讓孩子從創傷中邁向復原。當碰到問題時，你是急於拯救孩子脫離虛擬世界或創傷的內心暗室，而從外面的生活環境中使勁地「拉出」孩子？還是運用智慧與適當的教養方式，直接「走入」孩子「內心感知」的世界，陪伴與支持孩子，共同迎向真實的生活世界？

　　19世紀末20世紀初愛爾蘭著名的詩人和文學家威廉・巴特勒・葉慈（William Butler Yeats）所云：「教育孩子不是灌輸知識，而是點燃火焰。」我們都曾為人子女，從曾身為孩子的經驗與角度而言，期望父母能有耐心，認真地傾聽我們，渴望得到父母的理解與尊重。現在身為父母的我們，能做的是興起環境並點燃孩子的生命之火，這需要對孩子付出無比的關愛，與對生命的敬重。看著孩子的成長，反思自己的生命歷程，父母面對的是孩子，也是自身永遠的生命課題。

　　再次收到大寫出版社總編鄭俊平先生熱情的邀約，進行《Coach父母學》的增訂，在此致上誠摯的謝意，感謝鄭總編輯和團隊始終如一的支持。

父母如何成為子女的「教練」
—— 一本創新而感人的工具書

臺灣中華化學工業股份有限公司董事長
干文元

　　本書作者陳恆霖博士現為崑山科技大學諮商心理學副教授，並具有多年企業組織諮商輔導的經驗。幾年前將歐美企業盛行的「總裁教練」（CEO coach）觀念引進國內，推動「教練式領導」，是一個創新的管理科學，融合心理諮商，企管顧問與領導學三個領域。對增加企業高階主管的團隊領導能力極具成效，也帶動了企業經營的績效。

　　勇於創新的陳教授進入家庭諮商的領域，再度提出一個新穎的「Coach 父母學」的觀念。親子關係的互動是個非常廣泛的心理應用科學，對父母與子女的行為模式的探討與討論不盡其數，但「父母亦是教練」，應是創新的模式。作者雖將本書定位為工具書，但能將艱深的心理學理論，用深入淺出，生動感人的文筆讓讀者融入作者的理念，並能有許多的感觸與啟發。

　　本書與其說是教導父母如何與子女相處，倒不如說是勉勵父母改變自己，放棄「東方父母」的傳統觀念，如：天下無不是的父母；愛之深責之切；不打不成器；虎父無犬子；接受教練式父母的

重要概念：用生命影響生命，重視過程，全人的尊重與關懷，協助子女成為「有價值的人」。這是能令為人父母深思的提醒。

在這個主要的前提下，全書以系統的章節細說如何改變觀念與行為模式，如：「太過控制子女，無法獨立」；「太看重課業，忽略孩子的分化與探索」；「管教不一，易讓孩子左右為難」等議題，提出正面的建議作法，非常實用。最令人感動的是在〈為什麼孩子會放棄？〉一章中，作者述說自己的成長經歷，如何從求學過程的挫敗，信心喪失中，因著一位老師的鼓勵，找到自己的興趣與專長，恢復自信，奮發向上，終於在專業領域上有所成就。

作者以「和你一樣，我當過孩子，也當過父母」作為全書結語，個人在讀完全書後深刻感受作者是一位深具愛心與同理心的專家學者，這是探討親子關係很重要的元素。因此本書是感人的，具啟發引導，可讀性很高的作品。

幫助孩子找到最適合的人生道路

香港首位華籍家長教練、創慧培訓及顧問服務創辦人暨首席教練
李慧蘭

2011 年，我應「中華專業教練發展協會」（CPCDA）之邀請，來台灣高雄參加「第一屆國際教練論壇」，分享親子教練在香港推動的經驗。當時與陳博士是第一次見面，得知他正撰寫《Coach 領導學》。

　　2013年7月我再度受邀參加「第二屆國際教練論壇」，舉辦一天親子教練工作坊，此時陳博士已經完成第二本著作《Coach 父母學》，他同時邀請我為本書撰寫推薦序，這是我的榮幸。

　　看完陳博士的兩本著作後，讓我對陳博士以「立言」的方式，來推動教練的專業深感佩服，因為他有豐厚的心理諮商背景，又有高水準的專業教練實務，透過流利的文筆，以故事性的手法來陳述教練觀念及應用，對企業的領導者或父母親，有莫大的助益。

　　我是社工師及家長教練（Parent Coach），在香港亦以教練式父母的觀點（Parent as a Coach）推行父母成為孩子的教練的觀念多年，發現最難改變的不是孩子，「父母的改變」才是最重要的關鍵，我想這是華人共同面臨的問題。欣見陳博士將教練式父母的觀點，提出具體的方法與反思，這不僅是華人父母的福氣，更是華人教練界的重要資產，我大力推薦已成為父母，或即將成為父母的讀者，一定要閱讀本書。此書理論與實踐並重，你必獲得成長與及實質上的幫助。

陪孩子在歷程中改變——
覺察自己、營造雙贏親子關係

台灣發展遲緩兒童早期療育協會前秘書長、青島喜安人文教育有限公司創辦人、蘇州喜安復能健
康科技有限公司共同創辦人
林美媛

「我的教練方式是聚焦在孩子的潛力上！」——陳恆霖教練如是說。

這本《Coach父母學》可貴處是它內容豐富又實用，每一篇章和故事，都充滿啟發性和真切，宛如老朋友對坐時的叮嚀與分享。由於恆霖老師深諳《聖經》中那句「智慧的人舌頭卻為醫人的良藥」，所以他把自己三十年諮商過程的寶貴心得，應用教練技巧（coaching skills）和親職教育的理論，經由本書深情巧妙的傳遞，期望父母能享受正常的親子關係，放掉傳統主流價值和文化裡的迷失與毒害，他的一句「和你一樣，我當過孩子，也當上父母」，充分同理了天下父母心，其實你可以成為自己和孩子的貴人，這本《Coach父母學》就是在幫我們提燈照路。

強力推薦本書中個人非常欣賞的精華包括：父母陪孩子在發展歷程中改變、自利利他的教養態度、自信與放手的「風箏理論」、使用讚賞式語言，和懇切提問家長進行閱讀後的反思等等，我只能驚嘆的說：這是親職教育書海中的瑰寶！

跟著本書行動，家長將輕鬆的發現孩子的潛力，不再糾結著如何當個稱職舒服的父母了！

用 Coach 方式
面對青春期孩子的風暴！

┃ 房角石工作室負責人，阿爾法兒童讀經協會創辦人
┃ **陳寶嘉**

　　從事二十年多的兒童讀經推廣教育，曾提出〈猶太教育兒童讀經法〉一文，特別強調猶太人為何被公認為世界上最聰明、最有智慧的民族之一，因為他們從小就被訓練反覆吟誦摩西五經，久之，所有經文自然背起來，而結果大腦竟也變聰明了。然而，猶太人還有一項成功的要素，就是父母為孩子營造出一個「平安的家」的成長氛圍。當我看完陳教授《Coach 父母學》這本書之後，才恍然大悟，聯想起原來猶太父母從孩子在「兒童期」開始，就是書中所謂的「教練式父母」。

　　本書作者陳教授是我的朋友、老師、教練，幫助我得知如何以 Coach 的方式去面對我那青春期風暴的孩子。當我從老師所分享孩子們成長的教育理論、學術研究、實務案例中，明白「人」成長軌跡之後，心情就比較踏實，不會隨風暴起浪，也就較能平靜安穩，並且隨之以運用教練溝通技巧來化解危機。本書，作者以其精準的文筆，將這些深澀的專業理論、案例，化成有系統且淺顯易懂的演講式文章，著實是家長的一大福音。

現代父母的必備聖經

香港商奧寶科技公司亞太區總裁　顯示器事業部
曹正鵠（Ray）

　　身為科技公司高階主管的我，因緣際會接觸了《Coach領導學》，讓我在公司管理上受益良多，在學習，實踐的過程中，也曾多次嘗試著套用在親子關係，但畢竟是不同的領域不同方法，讓我無法著實的讓孩子們得到認同。如今，《Coach父母學》的出版讓我迎刃而解，我稱這是為人父母必備的「聖經」，更是「寶典」。

　　「從來沒有放棄自己的孩子，只有先放棄孩子的父母，才有放棄自己的孩子……，」我們處在上一代權威式父母教育世代下的觀念，與新世代自由發展的新一代，學會如何相處是一項重要的課題，《Coach父母學》讓我們可以輕鬆的找到答案，學習從「引導」中找到孩子的問題，進而激發孩子的「潛能」……，讓我們輕鬆的將「衝突」轉變柔性的溝通。

　　《Coach父母學》不只教會了我如何當現代的父母，也讓我從分享過程中享受為人父母的快樂。

用心理學基礎打造的青少年教養

前台灣藝術大學學生輔導中心主任、前宇宙光輔導中心主任
張林海崙

　　接到陳恆霖博士之邀請，為其新作《Coach 父母學》撰寫推薦序，心中不僅感到高興，更備感與有榮焉。四十年前一段師生情緣，「無心插柳，柳成蔭」造就了今日的陳博士。

　　當年陳博士還是個修讀雕塑藝術領域的年輕學生，我擔任學生輔導中心主任，也是他的英文老師，因緣際會中，恆霖來到學生輔導中心，擔任學校有史以來的第一位學生志工，每天進出輔導中心，協助我處理一些輔導的文書工作。同學常笑他是不是心理有問題，怎麼常往輔導中心跑？

　　當時我介紹心理學的書給他閱讀，沒想到他讀出興趣來，常來詢問我有關心理學的相關議題，這些議題足夠我開好幾門兩學分的課程，於是我鼓勵他繼續進修，並為他施作生涯測驗，我們一起規劃他未來的生涯之路。四十年後，他不僅取得博士學位，並成為大學教授，這就是他「永不放棄、堅持到底」的生涯實現能力。真是感謝上帝！

　　如今陳博士立言著書，將心理諮商專業結合企業教練實務，繼《Coach 領導學》又撰寫《Coach 父母學》乙書。誠如其言：「教練的目標是幫助孩子釋出潛能、超越顛峰。」在那個年代沒有「教

練」的概念（除了球場上的教練外），我只是單純的想協助一位有潛力的年輕學子圓夢，沒想到「將對的人，擺在對的位置上」後，陳博士的表現超乎我的想像，開啟了潛能超越顛峰，真所謂「青出於藍更勝於藍」。當年我的無心插柳，竟也是教練精神的展現和實踐呢！

陳博士有深厚的學養與豐富的實務經驗，他從個人成長的經歷、接觸過的實際案例及為人父的心得，在理性的陳述中，用幽默且感性的故事書寫，將教練的核心與架構完整的表達出來。本書點出了現代父母的迷失與盲點，予父母以不同的「教練角色」來養育子女，且挑戰舊有的養育思維，開啟現代父母一條嶄新的路。

我鄭重推薦您：要用心閱讀，並且將其實踐在親子互動中，因我相信書中的教練觀念、作法、提問與反思，將能讓父母透過反思、覺察、行動、及改變的四種過程，深刻的領略教練式父母的「教養不費力、親子更親密」的威力。

父母是孩子的第一個教練

台中市爽文國中理化老師、教育部2013年「Super 教師獎」
曾明騰

　　陳恆霖教授繼2012年《Coach 領導學》後，於2013年又出版了另一力作《Coach 父母學》。

　　想起2012年與恆霖教授因《Coach 領導學》一書而結緣，教授的學養與談吐令人傾心，將自身的專業能力與實務經驗結合，強調「發現問題→傾聽問題→引導問題→解決問題」的教練模式，善用問答式的對話型態來協助釐清問題的癥結點，在親子關係的建立上不就是需要如此嗎？

　　很開心恆霖教授完成這一本親職教練的實用工具書，相信對很多父母在看待孩子與教養孩子的過程中能有很大的幫助與省思。教練式父母（Parent as Coach）是一種在親子關係上「領導不費力，管理有效率、溝通有能力」的方式，每一位父母親都是在第一個孩子呱呱落地時才開始學習如何扮演好父母親的角色，如果能將教練思維融入親職教育上，我相信父母親將真正能跟孩子們一起學習與成長。

　　教練的精神就是生命影響生命，父母親跟孩子之間的關係不就恰如其分嗎？當父母親對孩子們採取真誠與關懷、尊重與接納、專注與傾聽、及深度的同理心互動時，我相信雙方都能讓彼此的生命

昇華。

　　恆霖教授在本書中提出反思、覺察、改變、與行動四個步驟，以諮商心理學、正向心理學、行為改變技術、學習理論四大立論基礎，利用書中的十三大實用親子互動技術來落實；恆霖教授強調發現與引導孩子的天賦，傾聽與陪伴彼此的生命，與我在學校教育內所推動的快樂學習和發現自己的翅膀宗旨不謀而合。尤其書中提及「東方父母症候群」和「直升機父母」在現今的學校教育中處處可見，但在我多年教育職涯上，發現父母親都是很愛自己的孩子，只是有些父母親不懂得如何去取得平衡點，凡事過與不及皆不甚恰當；很開心恆霖教授能出版這一本這麼棒的親職教育書籍，讓所有的父母親都能學習如何成為孩子生命中的貴人、人生的教練。

　　父母親跟孩子的相處模式需要更多的傾聽，而非指導；需要更多的陪伴，而非金錢；需要更多的共同體驗，而非單向給予。讓孩子學會欣賞自己、肯定他人、多元發展、嘗試錯誤……，我常說：「有快樂的老師才會有快樂的學生，讓學生喜歡你就是自主學習的源頭。」在親子關係的建立何嘗不是如此？東方社會較為內斂，較不敢把心中情感妥適地表現出來，若父母親能大方地表現您對孩子的愛，孩子也將給您最溫暖的擁抱，感受彼此生命的溫度。

　　生命總是以自己獨特的形態呈現在人世間，協助孩子找到天賦才能和培養正面積極的人生觀與處世態度是身為父母的第一課題。

　　陪伴孩子在自己背部裝上專屬的翅膀，遨遊在夢想裡！

目錄

Part I	教育孩子，是一輩子的專業！ ——教練式父母是什麼？又有哪些必備知識？

與你的孩子
一同出遊

　　法國浪漫主義作家維克多—馬里‧雨果（Victor-Marie Hugo）曾說：「上天給予人一份困難時，也給予人一份智力。」

　　上天將孩子賜給父母，是生命中重要的禮物，當我們以喜悅的心情，迎接新生命的來到，瞬間成為「父母」的角色，伴隨著孩子的成長，將經歷管教上的挑戰。孩子是夫妻或伴侶學習成為「父母」的導師，從孩子身上，我們學習如何為人父、為人母。我們在嘗試錯誤中學習，會碰到困難與挫折是難免的，也從中得到智慧。在孩子的身上，我們學到了寶貴的生命功課，而且是一輩子的功課。

　　我們都想扮演好父母親的角色，看著孩子逐漸成長，有莫名的喜悅與成就，你是否感受到只要孩子能快樂與幸福，再多的辛苦與付出都是值得的。但不少父母反應，多數時候，他們在「父母」的角色上是感到挫折、無力、徬徨、與無奈。尤其孩子們到了青春期之後，似乎愈來愈和孩子們談不上什麼話。最常聽到的是「孩子愈大愈不聽話」、「我都不知道孩子在想些什麼？」、「我只講幾句

話，孩子不是生氣，就是不耐煩」、「我都不知道該怎麼和我的孩子溝通？」

親愛的父母，你是用欣賞和激勵的言詞、或挑剔和責罵的態度來對待孩子？你除了父母的角色外，還扮演什麼角色？健康照護者？嘮叨的長輩？傾聽與陪伴者？嚴格的教師？生活的指引者？未來職涯的決定者？你是否想過，父母也可以扮演孩子的教練？

你先改變，才能開始改變孩子

這是一本簡單又實用的工具書，我分享親職教練的觀念與實際的做法，協助你用正向的眼光，發掘與開展孩子的潛在能力，讓孩子成為自信與優秀的人才。面臨親子難題與困境時，有兩種可行的途徑，一種是**父母學習扮演「教練」（Coach）的角色，了解教練的概念與技巧，改變自己成為「教練式父母」（Parent as Coach）**；另一種是**找一位專業教練，接受「親職教練」（Parent Coaching）**，將焦點放在提升你自己，讓你回家後，知道如何面對孩子。這兩種途徑都能讓你領略「輕鬆管教不費力，親子溝通有能力」的教養方式。

你可能會問：「為什麼是我要改變，而不是教導我改變孩子的方法？」在實務經驗中，我經歷與體會到，孩子的改變是因「愛」而改變，不是因「控制與要求」而改變，當我們用教練的角色，採

取正向的觀點與方法，在信任與平等的關係中與孩子互動，會產生良性的循環，讓孩子感受到父母真實的愛，孩子的「改變」將是自然而然的結果。

我以「為人子」的身分，也是「為人父」的角色，帶著分享經驗的心情來撰寫本書。小時候身為人子，總覺得父母的要求過多，管這個、管那個；有時候這個不能做、那個不能做，到底能做什麼啊？小小的我，抬起頭來，看著身形高大的父母身影，實在難以理解他們為什麼要對我說那些話，對我做那些事？我曾經表達異議或抗議，但我的抗議變成父母眼中的辯解，我的無言成為一種默認，我的無奈成為一種苦悶，不知道能向誰傾訴？

在我心裡早已埋下一個信念：「我不要重蹈覆轍，讓孩子受苦，我要許孩子一個快樂的童年。」直到身為人父，陪伴孩子成長與互動的過程中，有幾次我也差點情緒失控，才發現自己也會懷著「愛之深、責之切」的心情，來面對自己的孩子。

多次，我望著孩子嬌小的身形，已經變成父親的我，感受到自己和我父母的心情，也和一般父母沒有兩樣，在要求與嚴格的背後，其實有著極深的愛與關懷，只是表達出來的關切往往成為嘮叨、挑剔和責罵，而且在生氣過後，常是後悔與自責，但在孩子小小的心靈中，對大人的理解是有限的，實在難以體會父母內在深層的愛意，能因此責怪孩子不懂父母的心嗎？

你可以選擇成為什麼樣的父母

　　你是否也有這樣的切身經驗呢？你是否為教養孩子感到難為呢？你是否感到孩子愈長大，就愈管不了呢？尤其是進入青春期的孩子，是否會讓你感嘆為人父母真不容易？你是否看過不少教養孩子的書籍，仍無法應用適切的方法與孩子相處呢？你是否感到教養孩子的無力感？你是否會擔心孩子的表現落於人後？你是否常擔心孩子不學好，而處處提防孩子呢？你是否承擔太多的擔心呢？

　　從理想的信念回到實際的親子互動中，我體會到「當父母」不是一個簡單的功課，需要經過不斷的調適與學習。我這幾年來在「父親」的角色中，透過覺察與反思，有了嶄新的觀點：「我不能選擇自己的父母，但是可以選擇成為什麼樣的父母。」你是否也願意給自己一個新的選擇，讓自己有機會成為一位脫胎換骨的「教練式父母」。

　　教練式父母做些什麼？簡單來說，「教練過程」（coaching process）是父母與孩子共同出遊的旅程，是陪伴孩子成長的關鍵時刻，也是一個長期學習發展與教學相長之旅。親子雙方都有潛在的能力亟待開發，父母親帶著「希望」的眼光，聚焦在孩子的「優勢面」，啟發與引導孩子，開發其未來的發展潛能，因勢利導以成就孩子。每個孩子都是上天賦予的藝術品，若你能欣賞並激發孩子的潛力，則每個孩子都能散發其自身的獨特光芒。孩子透過父母的優

勢教導，從大人的眼光中，看到自己、認識自己、發展美好的自我。

本書獨特之處，是透過淺顯易懂、深入淺出的方式，闡述幾個重要的教練概念：教練的精神在於「生命影響生命」、教練的價值在於「全人的尊重與關懷」、教練的意義在於「在歷程中改變與發展」、教練的目標是「幫助孩子釋出潛能超越顛峰」、教練的步驟是「反思中覺察與行動」、教練的典範在於「父母以身作則」、教練的原則是「永不放棄」、教練的正向觀點是「積極引導，擴大優勢」、教練的回應是「讚賞式回饋」方式、教練技術是運用「同理心與問問題」。

接著，我會從文化觀點與價值信念，省思父母親的角色，輔以發展心理學的理論觀點，讓你明白孩子心智是怎麼成長的，特別是青春期孩子的身心發展特徵尤多著墨，期盼你不只看到孩子的表面行為，更能用靈魂之眼，看到你孩子內在蘊藏的璞玉價值，及發展潛力。

我羅列十餘種家庭中常見的親子議題，分別自「教練觀念」、「教練做法」、「教練式父母——提問與反思」三個層面，提供實務上的具體作法。內文中有觀念的澄清、實例對話、及案例解說，你可以按圖索驥，應用在實際的親子關係與互動溝通。若你依序從頭至尾細讀內文後，在實務篇中所有的實例、對話、解說都將讓你豁然開朗，明白其中的涵義。這是「知」與「行」合一的過程。知識

是力量，知識為實務提供理論基礎，讓你有方向可循；行動也是力量，讓你有信心及機會應用在實務中，以驗證知識概念。

　　親子問題百百種，每個家庭的親子互動，有著極大的差異，同樣的困境與問題，每個家庭的處理狀況不一。本書並非提供一個標準問題解決的方法，書中所呈現的例子，皆是他山之石可以攻錯。忘記背後，努力面前，過往的困難經驗，將成為未來良好親子關係的墊腳石與成長的契機。**只要你能學以致用，觸類旁通，專家不必外求，你自己就是專家，就是孩子的教練。**

　　我很喜歡一部電影：《深夜加油站遇見蘇格拉底》（Peaceful Warrior）；在此與你分享片中幾句經典對白：

> 要通過一連串的訓練，你必須付出更多的努力。把你腦中多餘的垃圾丟掉。……我只知道一件事，那就是什麼都不知道。停止聽從外面的聲音，試著從內心找到答案。戰士採取行動，傻瓜只做反應。沒有開始或結束，只有行動。

> 生命必須採取正確的行動，才能讓知識活過來；……凡事都有意義，此事也不例外，你得靠自己找出來，戰士不會放棄自己熱愛的事務，他在自己所作所為中找到愛。

　　若你有機會欣賞此片，你將能體會本書所暢談的教練精神與涵義，了解具體的實踐行動力。

　　這是個嶄新的起點，祝福你勇敢跨出第一步，請勇往直前不要放棄，你將發現親子關係將會有所改變，你的生命也會因質變而有所不同！

前　言

天下無不是
的父母？

　　父母都是有了小孩之後，才開始學習如何「當父母」。

　　我們從小學到大學，前後要花費 16 年的時間接受教育，就為了
找一份好工作而長期準備。然而在做父母這件事上，我們似乎沒有
一個好管道，為扮演好父母親的角色而準備。多數人開玩笑說，孩
子生下來之後，第一胎「照書養」，第二胎「照豬養」。即便是擁有
專業背景的我，養育孩子光有理論仍是行不通的，沒有實際的經驗
就很難上手。

　　除此之外，就是靠著上一代的經驗傳承。有些經驗是先人的
智慧流傳下來，歷久不衰的，例如台語俗諺：「七坐、八爬、九發
牙。」是指幼兒的發展階段與順序，即幼兒約到七個月大時，會發
展坐的能力；約八個月大時能學會爬行；大約九個月時會長出乳
齒。然而不是每個小孩的發展速率都一樣，有些小孩不到七個月就
學會坐，有些可能遲一、兩個月。

　　有些經驗則是帶著迷思，代代相傳。例如：「不打不成器」的

教養信念，有些孩子打了會聽、會收斂；有些孩子打了，會起衝突，親子關係愈打愈疏離，有些孩子甚至因而離家出走。「打」是最好的方法嗎？「打」就有效果嗎？除了「打」以外，還有別的方法嗎？

古諺說：「家家有本難念的經。」這部「經」是佛經、聖經、或可蘭經嗎？都不是。其實，是家庭有三本難念的經：**夫妻經、親子經、手足經**。每一本經都不容易唸，每一本經都有關聯且互為影響。

夫妻之間的相處本就不容易，生了第一胎後，就由夫妻經再加上親子經，開始遇見很多的教養與教育問題，夫妻教養觀念不同，管教不一致就橫生枝節。生了老二之後，手足經就出現，待孩子成家立業後，公婆姑嫂、兄弟妯娌之間的問題，更是層出不窮。要把這三本經都念好，真需要神力超人的能力與毅力。在本書我僅著墨在親職範圍內來書寫。

我都不知道孩子在想些什麼？

最近有位朋友與我閒聊，他正為剛上國中的孩子傷透腦筋。這孩子很乖，也無不良嗜好，但就是不想上學。問他什麼原因，就是不說。父母親為了他，只好到學校找輔導室協助，親子雙方磨蹭了好一陣子。終於孩子說話了：「我就是想要『活出我自己』。」父母親聽了真傻眼！如果你是這位孩子的父母，你會有什麼反應呢？猜

想你大概也會很緊張、很擔憂是嗎？

　　父母親在孩子心目中的地位與重要性，會隨著孩子的成長而改變。孩子們上幼稚園之前，與手足或左鄰右舍的小孩玩耍，會說：「我爸爸說……，我媽媽說……」、上了小學之後說：「老師說……」、到了國高中後改說：「同學說……哪個明星說……（偶像崇拜）」、等上了大學後開始說：「我說……」、有了男（女）朋友後說：「我女（男）朋友說……」、結婚後又改口說：「我老婆（先生）說……」。千萬別難過，這是正常現象，不代表孩子不再敬重父母，而是人際圈不斷地擴大，由家庭到學校，學校到社會，只是父母心裡頭不是滋味罷了！

　　反觀孩子們，我曾問過我的學生與其父母親的關係如何？最常聽到的是：「我的爸媽不了解我」、「父母親管我管太多，限制太多」、「他們從來就不聽我說話，我只希望他們能安靜的聽我說幾句話，有這麼難嗎？」、「這個不能做，那個不能做，到底能做什麼？」孩子們面對父母親的反應，不也顯得無奈與挫敗嗎？

　　面對親子關係的種種問題，通常誰比較急躁呢？用時鐘打個比喻，媽媽像「秒針」，跑得快又急，遇到孩子的事情，容易緊張和焦慮；爸爸像「分針」，碰到孩子的狀況，反應會比媽媽鎮靜些；孩子像「時針」，久久才轉一圈，孩子反應慢，有時又若無其事，他們需要時間學習與發展。有時父母急得半死，孩子卻無動於衷，正所謂：「皇帝不急，急死太監。」這沒有誰對、誰錯的問題，只

是不同角色之間，如何互相配合。搭配得好，時鐘能有條不紊的運轉，搭配得不好，時間就停格無法運轉了。

在本書，我尤其要告訴讀者一件重要的事：

我們無法選擇自己的父母，但能選擇成為什麼樣的父母。
即使我們不是完美的父母，但我們可以做個盡心的父母！

別期望自己成為百分之百的父母親！我告訴我的孩子們，爸媽不是完美的人，有其限制和做不到的地方，偶爾也會犯錯。

當孩子離開家門上學，我們就看不到孩子，也照顧不到孩子，只有讓老師來照顧。時間有限，我們無法隨時陪伴或與孩子們相處。因此，不只要放下自己對扮演好「稱職父母」角色的期待，以為自己為孩子們做得太少，而感到懊惱，也要放下無法做到完美父母而自責內疚的心，你已經做得夠多了。

現代親子之間到底怎麼了？

其實，整體的社會文化或教育水準，較之過去已有大幅提升，為何親子之間的衝突仍然不斷，親子之間的問題，依然層出不窮呢？

對於很多父母親管教孩子用心良苦的出發點，我們當然要給予

百分之兩百的肯定。但問題出在哪裡呢？我在長期觀察與實務經驗中發現，問題出在「對待孩子的方法」上。錯用方法，將使父母的管教「事倍功半」，用對了方法，將使你「事半功倍」，輕鬆管教不費力。

當你管教孩子感到灰心失望時，請細細品嘗芭芭拉·安吉麗思博士（Barbara De Angelis, Ph. D.）的這段話，或可給你一些鼓勵和啟示：[01]

沒有問題，我們永遠學不到力量。

沒有掙扎，我們永遠學不到活力。

沒有延遲，我們永遠學不到耐心。

沒有抗拒，我們永遠學不到毅力。

沒有絕望，我們永遠學不到信心。

沒有折磨，我們永遠學不到悲憫。

這不是一本暢談親職教練理論的書籍，是一本實用的工具書，想傳達父母如何扮演「教練」的角色，協助自己的孩子成為優秀的人才。如果你面臨親子難題與困境，可以找個專業教練，接受**親職教練**（Coaching）。另一種是你自己學習教練的概念與技巧，成為

---

01 Barbara De Angelis 著，汪芸譯（2002）。愛是一切的答案，頁114。天下文化出版。

「**教練式父母**」。

　　教練式父母的職責，好比教練發現球員或選手的天賦潛能，透過教練的方式，引導孩子認識自己，養成自動自發、積極主動的學習態度、發揮老天爺賞賜的才華，找到生命中的位置。讓孩子們在成長與學習過程中，面對困境時能提升「挫折容忍力」。[02]

　　「**教練式父母**」是一個嶄新的觀念與新的做法，也許你未曾聽聞，也許你存著懷疑，也許你不知道如何應用，也許你認為是一種換湯不換藥的方法。教練式父母在國外的發展，也正方興未艾，這方面的專書也是鳳毛麟角。我鼓勵你用不一樣的眼光及態度，深入了解親職教練的觀念與做法，相信你會有不一樣的體會。

---

02 挫折容忍力：係指個人在遭遇困難情境或是需求無法獲得滿足時，能夠承受困境打擊或忍受需求，以維持正常生活的能力。低挫折容忍力的人，在遇到逆境時很容易產生挫折感；反之，高挫折容忍力的人，愈是在困難情境時，愈是能勇於面對困境，也愈容易化解心理上不安的情緒。

Part 1

教育孩子，
是一輩子的專業！

教練式父母是什麼？
又有哪些必備知識？

第 1 章

教練式父母：
用生命影響生命

你是孩子未來命運的啟動者，是孩子展現生命價值的雕塑者，

你要體認自己與孩子都是有價值的人，

才能正確應用教練式父母的觀念與方法。

近三十年來，「教練」廣泛應用於企業組織，因為傳統的教育訓練方式，已經無法滿足企業內部的需求。企業將教練的觀念，結合企業管理的方法，並融合心理諮商及正向心理學的理論與技術，逐漸發展成中高階主管的人才培育上。也有實徵研究證實，教練的方法對於提升組織的人力品質、團隊凝聚力、組織內外部溝通、組織領導力、企業投資報酬率等，都有顯著的提升。

長期以來，我將企業應用在中高階主管的方法稱為「**教練領導力**」，簡言之，這是一種「**領導不費力，管理有效率、溝通有能力**」的方式。我曾談到：

時至今日，專業教練的發展日趨蓬勃，教練的工作內容增加，諸如接班人計畫、職業轉換、工作績效、高績效團隊建立、中高階主管領導力培訓、工作與家庭的平衡、個人與組織的轉型和重建等。不同焦點的教練方興未艾，諸如生涯教練、績效教練、組織教練、導師教練、心靈教練、親職教練、神經語言學教練、焦點解決教練、情緒教練等。可見教練專業的發展正在整合或分流形成一股風氣。[01]

這也正是我撰寫本書的用意，盼望更多父母重新認識自己的角

---

01 陳恆霖（2023）。Coach 領導學（全新增訂版），第五章。大寫出版。

色，學習新概念和方法，以提升親職品質。

用專業教練技術幫助父母

格蘭特和卡瓦納夫（Grant & Cavanagh）曾指出[02]，2002年澳大利亞心理學學會教練心理學小組，將「**教練心理學**」（Coaching psychology）定義為：「教練是行為科學的系統性應用，以增進個人、團體或組織的生活經驗、工作績效和福祉。這些人並沒有明顯臨床上心理健康的問題、困擾或不正常的憂傷。」他認為[03]，「教練是聚焦在增加人們的能力以自我調整，並系統性地朝向目標達成的一門專業，所以教練即是希望能協助受教練者（Coachee）去發現更好的方式，在其工作與生活中能設定與達成個人目標。」

簡言之，教練方法並非使用來處理異常的心理健康問題，乃是一種正向及健康取向的方式。

也因為教練的發展方興未艾，教練的應用層面愈來愈廣泛，本書要談的「親職教練」可以結合心理學的不同領域，如：

02　Grant, A. M., and Cavanagh, M. J.（2007）. Coaching psychology : How did we get here and where are we going? Coaching Psychology Unit, School of Psychology, University of Sydney: http://www.psychology.org.au/publications/inpsych/coaching/

03　Grant, A. M.（2001）. Towards a psychology of coaching : The impact of coaching on metacognition, mental health and goal attainment. Unpublished doctoral dissertation, Macquarie University.

諮商心理學（Counseling psychology）、

正向心理學（Positive psychology）、

行為改變技術（Behavior modification）、

及學習理論（learning theory）等。

稍後在本書中的案例，你都能看到這些理論的應用。

「正向心理學」是馬丁・塞利格曼（Martin Seligman）在1998年擔任「美國心理學協會」主席時，大力提倡的研究領域。約瑟夫和林利（Joseph & Linley）宣稱[04]：「正向心理學是一門實證科學。正向心理學根基於融合兩千五百年前西方和東方的哲學觀點，包括亞里士多德和佛陀的思想。」

　　正向心理學的崛起亦與教練領域的興起趨勢是有平行互動關係的。由於之前的心理師著重在深度地探尋人類內在心理的變化，重視臨床心理與診斷，是一種偏向問題取向的心理學導向，所以高度忽略了「使所有人的生活更好與滋養天賦」的任務。

　　為了調整之前心理學的焦點，正向心理學轉而放在促進個人主觀的心理健康、生理健康，以及個人所發展的優勢（Davison & Gasi-

---

04 Joseph, S., & Linley, P. A.（2006）. *Positive Therapy：A Meta-Theory for Positive Psychological Practice.* New York：Routledge.

orowski, 2006）。其中，正向心理學所強調的焦點，有三項要素與教練領域是有高度相關的：

（1）兩者皆聚焦在人性的優勢處，某種程度上挑戰實務者深入去思索人性的基本假設；

（2）兩者皆關注人們的力量，以及人們做什麼是可以更好的；

（3）兩者都是關於增進人們的表現與幸福感（Linley & Harrington, 2005）。由這兩者所重視的發展趨勢及優勢觀點來看，不難發現正向心理學的發展確實影響了教練領域的成長（Grant, 2001）[05]。

「行為改變技術」（Behavior modification），則是一種針對「外顯行為」，加以評鑑、評估及改變的行為科學。它的假設是：**問題行為可以透過「新的學習經驗」而得到改變**。以「看得見」的行為訓練為前提，增強日常生活中的適應行為。它根據可觀察測量或可操作的特徵來界定某種觀念或事件或行為，作為「操作性」定義。

行為改變技術以「操作制約」（Operant conditioning）為理論基礎，運用「正負增強」（reinforcement）原理，給予或移除正負增強物（誘發良好行為）、懲罰（抑制不良行為）、消弱（減少行為出現頻率）、塑形（藉由每一小步往目標反應接近，簡言之即透過增強「逐漸接近」於最後反應的行為而達到目標）。

05　引自李明晉，許維素（2011）。淺談教練心理學之興起與趨勢。輔導季刊，第47卷，第2期，頁50 -61。

　　這種方法已經廣泛應用到家庭（教養與親子互動）、學校（學習技巧或學業成就）、醫療（生病與疾病的預防、飲食疾病與飲食習慣、疼痛）、監獄（行為預防及矯正）、工商業界（工作技能與績效、工安管理、雇用、組織士氣）、個人安全（騎機車戴安全帽、開車帶安全帶、戒除酒駕）及社區（節能減碳、資源回收）等，並遍及所有的關係與對象。

　　「社會學習理論」（social learning theory）的主要假設是：一、學習者之認知歷程與決策是學習的重要因素，二、環境、個人與行為三者之間的互動會影響學習。**「觀察學習」與「示範模仿」的觀點，能用來改變孩子不適當的行為**。「觀察學習」發生於當一個人（孩子）觀察到其他人（父母親或示範者），藉以引起動機或注意，以產生行為建立的興趣，並對所觀察事件的「認知」或「暗自紀錄」。「示範模仿」來自父母從事某種特定行為的時候，孩子藉由「觀看」父母的示範，就能學習到行為。示範模仿能達到學習新行為、現有行為修正或改變、表現出潛隱行為等三個效果。

　　曾有人問我：「父母親能不能諮商（或心理治療）自己的孩子？教練會不會也有這個問題？」。父母親當然「不能」諮商自己的孩子，因為這裡有雙重關係（父母與諮商師的角色），父母親對孩子有太多的情感涉入，往往影響自己對孩子的主觀感受與價值判斷。

相反的，父母如果不是「諮商」，而是扮演「教練」的角色，就不會有這個問題存在。[06] 然而，扮演教練式父母時，最大的挑戰在你自己的「角色界線」和「情緒管理」。

如果界線模糊或侵犯界線，將影響你扮演教練式父母的角色。而父母若未能處理好自己的情緒，將難以理性態度與孩子面對面溝通。不管如何，父母的角色終究是存在的，教練的角色也無法取代父母的角色，

簡言之，**你是以父母的角色，將教練的概念與方法融入在日常的親子互動中**。在稍後的內容中，我會引證一些實際案例來說明。

為什麼父母親要扮演教練的角色？
教練式父母對引導孩子有何特色？

也許你會說：「除非你說服我，否則我為什麼要另起爐灶，重新學習一種新的管教方式呢？」坊間有關親子方面的書籍多如牛毛，教練式父母有什麼特別或差異呢？

紐爾柏格（Christian van Nieuwerburgh）認為，父母親接受教練

---

06 對於教育與訓練、諮詢與顧問、導師與教練、諮商與治療之間的差異，請參閱《Coach 領導學》（全新增訂版），第五章。

的理由是[07]：「因為教練是一對一的對話過程，在一個支持及鼓勵的氣氛下，教練能催化受教練者的自我導向學習（self-directed learning），藉由提問、積極聆聽、及適當的挑戰，提升自我覺察及個人責任感，以增進學習與發展。教練向來被應用在成人的商業及運動領域，以增進其績效與效能。最近，教練的原則與方案，已被使用在年輕學子身上，例如減輕考試壓力、增進學業成績、及促進情緒健康。」

你是否想減輕孩子的考試壓力？你是否期望孩子的學業成績步步高升？你是否期望在升學的壓力之下，孩子還能保持良好的身心健康？你是否期望孩子擁有積極的生活態度？父母接受親職教練，或是父母接受教練訓練，學習相關的知識或技能，使自己成為教練式父母，以改善親子關係或提升親職品質。這是一個嶄新的觀念應用，及可行之路。

紐爾柏格對父母親接受教練，還有一段極佳的詮釋，他認為[08]：

教練的概念是『人自己就擁有解決自身問題的方法，同時能應用去實現他們的想法。』親職教練不僅被證明是有

07　Christian van Nieuwerburgh（2012）. *Coaching in Education: Getting Better Results for Students, Educators, and Parents*. pp. 192, Kamac Books Ltd.

08　Christian van Nieuwerburgh（2012）. *Coaching in Education: Getting Better Results for Students, Educators, and Parents*. pp.133~134, Kamac Books Ltd.

利於兒童的發展，而且在教育和學業成就上一樣有效果。
教練的方法和技巧，能輕易地遷移到父母和老師之間，以
確保兒童不管在家庭或學校，都能在父母與教師一致的做
法下成長。藉由提升父母與孩子之間的互動品質，教練方
式可以減少父母的壓力，讓父母無後顧之憂，能更有效的
工作。父母學習教練的技術，例如：積極的聆聽、正向溝
通、讚美與褒獎等，也都能遷移應用到工作場所。

也許很多讀者會問：親職教練的方案有效嗎？

霍夫特和諾柏格（Hooft & Norberg, 2010）的一項研究[09]，針對
父母實施親職教練方案訓練，及對孩子施以「SMART認知訓練」。
教練方案內容包括：讓父母親在日常生活中教導孩子新的技巧，同
時學會如何處理自己日常的壓力，並評估孩子的認知能力、社會關
係、自我形象、及父母的壓力。結果顯示，孩子們的社會關係及自
我形象有明顯的提升，父母的壓力也降低了。認知訓練與親職教練
的實證研究，不僅提升孩子的認知能力，同時父母與孩子皆能受益。

---

09 Ingrid van't Hooft & Annika Lindahl Norberg（2010）. SMART cognitive train-
ing combined with a parental coaching programme for three children treated
for medulloblastoma. *Medicine, Clinical Neurology, Exercise & Occupa-
tional Therapy and Rehabilitation & Assistive Technology*, Volume 26,
Number 2.

如何扮演好教練式父母？

紐爾柏格根據他過去八年所發展的教練定義，並整合與反思過去所學過的教練方法，認為教練具有下列四個關鍵要素[10]：

教練是一個過程，是對人的潛力解鎖，能將兒童或成人的能力最大化；

教練能賦予個人學習，開啟成長之路，而不單是教誨接受者；

教練成就一個積極的樂觀者，具備對未來的可能性觀點，不聚焦在個人的不足之處或過去的失敗；

教練是一個靈活而彈性的歷程，不論學習者的年齡層，都能針對個人的需要量身訂做，以滿足個人或學習者的需求。

從這四個關鍵要素你會發現：「教練」需要時間將受教練者的潛能開展出來，受教練者扮演主動學習的角色，聚焦在正面或積極

10　Christian van Nieuwerburgh（2012）. *Coaching in Education: Getting Better Results for Students, Educators, and Parents*. p.175, Kamac Books Ltd.

的未來行為，教練方案具有個別性、獨特性與特殊性。

　　如何運用教練於親職教養上，讓你成為教練式父母呢？以下介紹「親職教練架構概念」（見圖1），隨後我會分別闡述這些概念。

圖1：「親職教練」概念架構

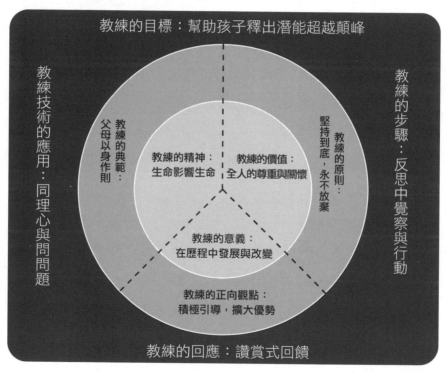

你將看到「內圓外方」的圖形。「圓」代表關懷、溫柔、體貼、善良的象徵，是神隱的內在力量，代表的是無形的「心法」。「方」代表執行力、行動力的象徵，是堅定的外在力量，代表的是有形的「技術」。由內而外一以貫之，就能發揮教練的力量。

「內圓」中有教練的精神、教練的價值、及教練的意義，這是最核心，也是最重要的，與父母教養孩子的心態有關。

「外圓」中有教練的典範、教練的原則、教練的正向觀點，是由核心衍伸出來的，需要父母身體力行，介乎心法與技術之間。

「方形」中有教練的目標、教練的步驟、教練的回應、及教練的技術，是教練式父母應用的展現。父母協助孩子設定具體的目標，採取有效的執行步驟，在教練過程中善用讚賞式回饋，使用同理心及問問題的教練技術，以影響正處於黃金發展階段中的孩子。

教練的精神：生命影響生命

2011 年，我接受「國際教練聯盟台灣總會」（International Coach Federation Taiwan Chapter，ICFT）年會之邀請，在一場以 TED 型式的演講中[11]，主講「Inspire coaching power ——教練是生命影響生命的歷程」。

教練的精神就是生命影響生命。做為一個人，不管是老「人」、成「人」、小的「人」、男「人」、女「人」，都是具有崇高價值的人——請注意，我將引號放在「人」，意味者不受年齡大

11 成立於 1984 年的 TED，是一個非營利組織，廣邀科技、娛樂、設計（Technology, Entertainment, Design，TED）等三個領域的人士，以研討會的演講形式，分享他們的經驗。該場演講內容可以到 YouTube 網站上輸入我的名字，即能線上觀賞。

小，性別，及職業貴賤之影響，視每一個人都是「尊貴者」。

　　我在那場演講的簡報中，放了一張從網路上找來的圖，我將圖配上簡單的文字（見圖2），這張圖很有意思，有很深的意涵，我非常喜歡這張圖，且聽我道來這其中深具的意義。

圖2：生命影響生命示意圖

　　圖上面是一滴水滴，滴進水中產生漣漪，留意到沒，水滴是「心型」形狀。假設水滴代表父母，父母帶著愛心而來，水代表孩子，接受父母的養育，水滴與水面碰觸，形成的漣漪，濺起來的漣漪形狀如皇冠。水滴愈大碰觸水面愈大，漣漪就愈大。生命注滿了愛，猶如「酒盃斟滿了酒」，愛心愈大，皇冠愈大，意味者父母對

孩子的影響也愈大。

　　父母是一位具有靈性、魂（認知、情感、行為）、體（生理）三合一完整的人。孩子一如父母，也是具有靈、魂、體三合一完整的人。父母與孩子在靈、魂、體三個層面互相接觸與互動，不僅是「人」與「人」（person to person）的接觸，更是兩位有價值的人的碰觸與互動。**如果你（父母）想要了解一個人（孩子）的價值，不在算計他身上有什麼，而是感知他裡面有什麼。這就是生命與生命的接觸。**

　　黃淑文在其文章中有一段描述，或可與我的觀點相輝映[12]：

> 如果你意識到孩子也是充滿人性的個體，自然就會賦予孩子像人一樣的尊嚴和尊重。有些父母常以為孩子幼稚無知，潛意識以為自己是大人，自然比兒女來得有尊（威）嚴。想想孩子是什麼呢？他們只是年紀比較小，卻和大人一樣是人類，當然一樣具有同等的生命需求——愛與被愛。因此，我陪伴孩子成長的過程中，總是把「大人」的「大」字（也就是權威）拿掉，回到「人」的本質，把孩子當作一個完整的人去尊重、去對待。

---

12 黃淑文（2013）。媽媽做自己，孩子就能做自己。天下雜誌。

　　《先知》一書的作者紀伯倫曾描述親子之間的關係，猶如「箭與弓」的關係，父母是弓，子女是箭，射箭者望著遠處鎖定了目標，將弓拉滿，讓箭迅速射出，朝目標飛去。父母與其讓孩子做一個成功的人，不如協助孩子成為一個有價值的人。

　　父母與孩子的互動過程中，父母對弓與箭，必須有充分的了解與認識，知道如何擺出正確的拉弓姿勢，如何正確地瞄準目標，如何將箭射出。箭未能設中標靶，有時不是箭不好，而是射箭者的心態與姿勢，心態不正確（教養的信念與價值觀），姿勢沒做好（管教的態度與方法），都影響箭的飛行與方向。好比父母需要知道如何激勵孩子，開發孩子的能力和潛能，讓孩子坐上尊貴寶座，成為頭戴皇冠的國王。

教練的價值：全人的尊重與關懷

　　教練價值，**體現於父母親採取真誠與關懷、尊重與接納、專注與傾聽、及深度的同理。**

　　如何做到真誠與關懷、尊重與接納兩項，來自父母親自身的態度；專注與傾聽、及深度的同理，則出自溝通的方法。讓我們陷入困境的不是無知，而是看似正確的謬誤論斷，唯有父母能反思社會文化的迷思、生活價值的謬誤，以真實的眼光看待孩子的生命本質，孩子才能活出自身的意義與美好。

父母對孩子而言是重要的，你是孩子未來命運的啟動者，是孩子展現生命價值的雕塑者，你要體認自己與孩子都是有價值的人，才能正確應用教練式父母的觀念與方法。孩子價值的展現不在功成名就，乃在積極尊重人的靈魂、體會生命的存在感、活出生活的意義、培養健康的心靈、開發上天賦予的能力才華、完成宇宙創造者所賦予的天命。這就是教練式父母展現教練價值之所在。

教練的意義：在歷程中改變與發展

哺乳類動物中，陸地上四隻腳的狗、馬，及海洋中的海豚、鯨等，牠們的生長期（狗兩年，馬五年），較之人類（二十餘年）而言是短的。

人類是哺乳類動物中，生長與發展期最長的，父母親需要花費很長的時間來養育兒女。**這是一段「養育」和「教育」的艱辛過程，除了生理上的健康照顧外，還有人格的塑造與陶冶、心理健康素質的照護、智能的學習和發展、情緒的發展與表達、行為習慣的養成與建立等等。**

俗諺：「學好三年，學壞三日。」意思是說：學習好的生活習慣，必須花三年的時間；染上壞的習慣，只需三天的時間。用來比喻壞習慣的養成，遠比好習慣的養成要容易。正可謂學好千日不足，學壞一時有餘。正因為人類的生長期長，**教練式父母要善用這**

段教養期，以充裕的時間來管教孩子，建立孩子優質的性格與行為，如有不適當或偏差行為，也有足夠的時間去除或矯正這些負面的行為。養育孩子是上天賦予父母親的神聖任務，不論我們欣見孩子有所成長，或我們對孩子的表現失望，而感到挫折時，仍然要帶著敬重的心面對這個責任。

「教練」如果當成動詞時，「To Coach」其字根的意思就是「**對一位具有價值的人，帶領他由現狀到達目的地。**」在這段旅程中，教練經由帶領、引導、教導等不同方式，安全地將受教練者帶到最終的目的地。換言之，這是指將一位有潛力的人，「從這裡到那裡」、或「從現狀到目標」，就是教練歷程。「這裡」指的可以是生長期（嬰幼兒期到青春期）的現實或現況；「那裡」指的是發展期（青年期到老年期）的未來願景或目標。

惠特沃斯、金西－豪思和桑達爾（Laura Whitworth, Henry Kimsey-House & Phillip Sandahl, 1998）認為[13]：「教練是一種過程，是一種強而有力的夥伴關係，伴隨著學習與發展，藉以達到終生的個人學習、成效與圓滿人生。」同樣地，教練式父母也一樣能成為孩子學習與發展的最佳夥伴，在歷程中陪伴孩子。

---

13 引自Lloyd Chapman,Sunny Stout Rostron（2010）. *Integrated Experiential Coaching: Becoming an Executive Coach*. Karnac Books.

教練的正向觀點：積極引導，擴大優勢

　　教練式父母以正向觀點，積極看待孩子的一切，透過教練的引導方式，擴大孩子所有的正面優勢，將孩子的缺點與弱勢，視為積極開發的潛力區。父母常對孩子的優勢視為理所當然而忽視，對弱勢視為不應該而譴責，請拿掉不必要的「應該」與「理所當然」的思維模式，若這些思維模式有效，也不會有傷透腦筋的父母！

　　如同拜司華斯－戴納和迪恩（Robert Biswas-Diener & Ben Dean）所言[14]：

> 正向心理學教練服務的第一個基礎是『快樂』。持續自我實現是一件會觸動人心的事。……快樂可能是現在正被當事人忽略，卻是最棒的個人資源之一。……快樂的人更樂於助人、有創造力、喜愛社交、值得信賴、也比較健康。……第二項基礎是『特質優勢』。……談論優勢會比談論劣勢更吸引人。討論已有的個人優勢，是提升自信與樂觀的好機會。勇氣、好奇心、領導力都是受人尊敬的特質。研究顯示，當人有機會使用這些優勢時表現最好。

---

14 Robert Biswas-Diener & Ben Dean 著，陳素惠譯（2010）。正向心理學教練服務─助人實務的快樂學，頁14-17。心理出版社。

教練的典範：父母以身作則

台語俗諺：「看子知老父。」這句話意指可以從小孩身上，看見父母一言一行的影子。

荷蘭理性主義者斯賓諾莎（Baruch de Spinoza）就說：「孩子是映照父母行為的鏡子。」不管你是喜歡或討厭自己「父母親身上」的某項優點或缺點，都在你身上找得到這些優缺點。反之，不管你是喜歡或討厭自己「孩子身上」的某項優點或缺點，也都在你身上找得到這些優缺點。

身教重於言教。父親的榜樣是孩子的資產，勝過百位億萬富翁，母親的愛是推動孩子最大的力量，遠勝一具火力強大，能推升太空船飛到外太空軌道的引擎。十九世紀教育哲學家史賓賽（Herbert Spencer）說過：「每個父母都透過生活，累積了一些好的經驗和品行，把這一點點留給孩子吧，他們會用新的生命去放大，發出光芒。」

如果你希望孩子養成閱讀的習慣，你自己要先成為一位閱讀者；若你希望孩子是個積極正面思考的人，你自己要先放棄悲觀的思維與負面的思考；若你期待見到孩子擁有良好的情緒調適能力，你得要先學會控制自己不穩定的情緒；若你渴望孩子有適應環境及高度的挫折容忍力，你自己要藉突破困頓的情境來示範，並給予孩子面對挫折的機會。總之，「**行動勝於空談**」。

教練的原則：堅持到底，永不放棄

在我過往處理親子問題與衝突的經驗中，我得到一個簡單的結論：「**從來沒有放棄自己的孩子，只有先放棄孩子的父母，才有放棄自己的孩子。**」除了夫妻關係外，親子關係是最濃密的，如果親近如父母，都對自己的孩子失望而放棄，還有哪一種關係，可以讓孩子不放棄自己呢？

1982 年有部以越戰為主題的電影《第一滴血》(*First Blood*)，由動作片明星席維斯‧史特龍主演。他的成名之作是 1976 年出品的《洛基》(*Rocky*)，以他自己的現實生活編寫成劇本。本片也讓他獲得提名該年奧斯卡最佳男主角獎，及奧斯卡最佳影片獎。在他成名前，只是一個毫不起眼的小角色，想在眾星雲集的好萊塢闖出一片天是很不容易的。為了實現明星夢，史特龍在好萊塢尋找片商拍攝《洛基》，當時沒有製片商理他，更不看好他，他每找到一位製片商，就被拒絕一次。然而，他自始至終都沒有放棄，被拒絕後又再度敲門，從不放棄。他每天都對自己說：「今天不行不代表明天也不行，過去不等於未來。」

你知道他被製片商拒絕幾次嗎？三次？五次？十次？超過十次就不得了啦！他一共被拒絕超過一千兩百次，很不可思議吧！如果他在被接受劇本的前一次放棄了，就沒有揚名影城的巨星。他對自己永不放棄。你呢？你會輕言放棄教導你的孩子嗎？

　　1925年諾貝爾文學獎得主，愛爾蘭劇作家蕭伯納曾云：「**家是世界上唯一隱藏人類缺點與失敗，同時也蘊藏著甜蜜之愛的地方。**」家是能接納孩子失敗、錯誤、挫折、沮喪，讓孩子能安身立命之處，但現實中，家反而成了驅趕孩子遠離成就、盡善、快樂、自信的摧毀場所。

　　既然沒有完美的父母，也沒有完美的孩子。父母自己不完美，卻要求孩子表現完美，有可能嗎？請記住，**孩子身上的不完美，有可能來自父母身上。**英國文學史上最傑出的戲劇家，也是西方文藝史上最傑出的作家之一莎士比亞有句名言：「最好的人，都是犯過錯誤的過來人；一個人往往因為有一點點小的缺失，更顯出他的可愛。」

　　生活中的錯誤經驗，總隱含寶貴的生命功課，世界上最容易做的一件事是「放棄」。你可聽過老一輩的父母，對著孩子說：「不讀書，去做工。」意思就是放棄啦。豈知這句話對孩子影響有多大，千萬不要放棄孩子，這是父母親一輩子的責任與使命。你是孩子的希望之塔，誠如德國文學家歌德所言：「希望乃生命的靈魂，心神的燈塔，成功的指導者。」

　　在我眼中，**沒有失敗的孩子，只有沒有被賞識的孩子。**一般人認為表現不好的孩子，其實是蒙塵的珍珠。遺憾的是，父母總看到灰塵，卻忽視了灰塵下的珍珠。當你看到灰塵時，要做的是拿起抹

布，撢去灰塵，讓珍珠發亮，而非看了不順眼，反倒是用抹布將它蓋起來，視而不見。

請記住，即便是灰塵，在陽光照射之下，仍然閃閃發亮。灰塵都因陽光而閃亮，你是否知道，你孩子的光芒，遠遠超過灰塵的亮光！

在下章中，我們要繼續討論華人親子文化與教練實踐間的相關主題。

第 2 章

用教練觀點
看待你的孩子

從來沒有放棄自己的孩子，
只有先放棄孩子的父母，才有放棄自己的孩子。

誠如人本主義大師、美國心理學家馬斯洛（Abraham H. Maslow）
所言的：「心若改變，你的態度跟著改變；態度改變，你的習慣跟
著改變；習慣改變，你的性格跟著改變；性格改變，你的人生跟著
改變。」

華人文化似乎總欠缺以正向的觀點與態度來教養孩子。**我們花
很多時間來矯正缺失、指正缺點，卻忽略孩子的優點與潛能。**孩子
做對的事是「應該的」、「是理所當然的。」孩子欠缺父母的認同與
鼓勵，很難建立自我信心。

教練的目標：幫助孩子釋出潛能、超越顛峰

馬斯洛在其人格理論中強調：「人的需求應得到滿足，潛能、
創造力和信念要被實現。但是物質、社會、文化環境能夠促進或限
制人的潛能實現。」人本主義大師卡爾・羅傑斯（Carl Rogers）是人
類潛能運動的發起者之一，他認為人類的潛能可以幫助個人尋求內
在真正自我的活動，可讓自我成長。[01]

有一個白老鼠的實驗[02]：把一隻白老鼠丟到一個裝了水的器具
中，牠在裡面拼命的掙扎，實驗者記錄牠掙扎的時間，大約是八分
鐘左右。之後，實驗者在同樣的器具中，放入另外一隻白老鼠，在

---

01 陸洛。人格心理學講義，頁10。
02 Paul G. Stoltz 著，莊安祺譯（1997）。AQ：逆境商數。時報出版。

牠掙扎到五分鐘的時候，實驗者放進一個可以讓牠爬出器具的逃生板，讓牠可以逃生。這隻幸運的白老鼠因此大難不死，逃過一劫。

幾天後，又把這隻大難不死的白老鼠，再度放入相同的器具中實驗，結果這次的實驗令人十分驚訝：這隻白老鼠居然可以堅持到二十四分鐘，比第一隻白老鼠淹死前掙扎的八分鐘，硬是多了三倍。

從白老鼠實驗的啟示，若是白老鼠在求生的困境下，能發揮三倍驚人的潛在求生本能，尊貴的人比實驗的白老鼠，隱藏的能力不知好幾倍？千萬別低估你的孩子，潛能通常在父母的忽略下而被埋沒，你的孩子可能是被埋沒的天才。教練式父母不僅要發現孩子的潛能，也要藉由各種方法讓潛能釋放出來。

教練的回應：讚賞式回饋

「**讚賞**」（appreciation）一詞的原文之意，是指「提升某人或事物的價值」。這種讚賞是帶著感謝的心情與欣賞的態度。

好比挖到礦石的人，不識貨的人認為不過是一塊石頭，識貨的人馬上知道是一顆鑽石。但識貨者是如何知道鑽石的價值呢？就如「4C」即是用來衡量鑽石品質的標準：克拉重量（Carat Weight）、色澤（Colour）、淨度（Clarity）、車工（Cut）。

讚賞式回饋就猶如將你的孩子視為原礦，你能穿透不起眼的粗曠外表，看見礦石內的閃亮。你知道孩子的份量與價值（克拉重

量）、欣賞孩子的容貌與氣質（色澤）、了解孩子內在的特質與美好（淨度）、經由教練方式（車工）琢磨你的孩子，讓潛在的光芒顯露出來。孩子從父母的讚賞式回饋中，不僅能獲得激勵和客觀的自我認識，也對建立自我認同、自我形象與自尊有益，因為你提升了孩子的價值感與成就感。

如果你有觀賞2013年的「世界棒球經典賽」，你對精彩比賽過程，是否仍感意猶未盡。你有注意到中華隊對澳洲的比賽，陽耀勳登板主投一局，被敲出一支陽春全壘打後，隊長彭政閔特別走向前去關心小老弟，陽耀勳私下透露，當時彭政閔鼓勵他不要想太多，並對他說：「在這裡，你是最好的投手。」這句話給他莫大的鼓勵與支持，讓他的心可以沉穩下來，這就是讚賞式回饋。將場景拉回你和孩子身上，不論你的孩子處在何種狀況下，告訴你的孩子：**「在這裡，你是最棒的孩子。」**

這不意味著你不能批評你的孩子，批評容易、讚美困難，怎麼做才恰當呢？「批評」一詞，在《美國傳統辭典》裡有兩個意思：

（1）指在態度上傾向於嚴苛、非難、挑毛病。若你的批評帶著情緒和主觀判斷，對孩子百般挑剔，就容易引起親子衝突。

（2）是指評價、鑑定、判斷某事物時，態度謹慎仔細。倘若你帶著平和的態度和客觀的事實，就像單純的文學、電影等批評，優、缺點都客觀分析並立論陳述，對孩子的成長及親子關係是有助益的。

教練的步驟：反思中覺察與行動

　　父母教練孩子的理由為何？教練式父母如何在孩子的成長期教養他們呢？透過什麼方式，讓孩子長大成人？教練式父母最終能達成什麼目標呢？我認為可以透過反思、覺察、改變、與行動四個步驟，完成父母的天職與使命。

　　反思（reflection）的英文原意是指：「對某些課題的思考、深思或評論、鏡中映象或水中倒影。」

　　父母與孩子的互動過程中，藉由教練的溝通技巧，父母成為孩子的一面鏡子，讓孩子對其學習與行為產生反思。孩子對其所作所為有了反思，就有機會產生覺察。

　　覺察（awareness）的英文原意是指：「有注意到、意識到、警覺（惕）到，而獲致明白的意思。」

　　教練式父母關切或提醒孩子，使孩子對自己的想法、情感及行為，有深入的洞察與了解。不一定要透過責打的方式，嚴厲的管教孩子。這種覺察會讓孩子產生改變的意願。

　　改變（change）的英文原意是指：「使改變、變化、轉換、更換或更替。」

　　教練式父母藉由教練的方法，讓孩子的想法、情感與行為產生變化，進而達成改變的目標。例如，以正面的思考代替負面的思考，將傷害性的情緒表達方式，轉換為適當的情緒表達方式，或以

優質的行為取代不適當的行為。當孩子有了改變的意願，緊接而來的是帶出行動，沒有行動將前功盡棄。

　　行動（action）的英文原意是指：「所做之事、產生作用或效果、激動人心（或重要）的大事、或把……付諸實踐。」

教練技術的應用：同理心與問問題

　　如何應用教練的技術，與孩子們溝通？紐爾柏格認為：[03]

> 教練式父母有別於傳統的親職介入方法，親職教練不會宣稱自己是父母親的專家，告訴父母親他們哪裡做錯了，或必須遵循一定的標準腳本去教養孩子。相反的，教練使用強而有力的提問（questions）方法，讓父母親更了解自己和他們的孩子。教練的信念是讓父母更有能力扮演稱職的角色。用詢問（asking）代替嘮叨（telling）。

　　如果你能善用同理心與問問題[04]，這兩個教練的溝通技術，你與

03　Christian van Nieuwerburgh（2012）. *Coaching in Education: Getting Better Results for Students, Educators, and Parents.* p.133, Kamac Books Ltd.
04　如果你想進一步了解溝通技巧的學習方法與步驟，請參閱我的另本著作《Coach 領導學》（全新增訂版）第十一章說明。本書中另外提到專注、傾聽、重述、摘要、回饋等五個技巧，也適合應用在親子溝通。

孩子的關係，就能跨越一大步。就如首位登上月球的美國太空人阿姆斯壯所說的：「我的一小步，人類的一大步。」[05]

「同理心」不是說說而已！

喬拉米卡利和柯茜（Arthur P. Ciaramicoki & Katherine Ketcham）對同理心的詮釋為：[06]

同理心知道如何設定界線，劃分疆界。是人際關係中「愛」的關鍵，是通往愛與寬恕的途徑。同理心永不放棄，是了解人類心靈的復原力。……總是聚焦在現在，在目前發生的事情。……同理心的存在不代表它能夠造就每一個完美的結局，不會輕易地將我們的想法貼上「好」或「壞」的標籤。……尋求在特定時刻、在獨特或是不尋常情況下的事實為何。……同理心的本質強調「尊重」是每段感情的基礎。

我則認為：同理意味著父母能了解且感受到孩子的內在感受，

---

05 2012年阿姆斯壯的醫師發現他冠狀動脈阻塞後，安排他接受心導管手術，在心臟手術導致併發症後辭世，享壽82歲。

06 Arthur P. Ciaramicoki & Katherine Ketcham 著，陳豐偉、張家銘譯（2005）。同理心的力量，頁23，35，111，141。麥田出版社。

就如同孩子自己所感知的那樣，同理是父母不會迷失在情感（緒）裡面而失控，能保持界線又能不論斷或批評地回應孩子。

正確而適當的同理，不只是去確認孩子纖細的情感狀態，還要去辨識並確認出孩子內在經驗中的模糊情感。同理心是對孩子的一種深度、設身處地的了解，與孩子們同在一起。當父母能夠領悟孩子的內心世界，同時也不失去父母自我的獨立性時，孩子將會有建設性的改變。

善用同理心的技巧，能讓你從孩子的角度看他自己，能讓你深入孩子的心靈，正確了解孩子的心思意念，使你放下自己的主觀判斷。讓你能以孩子的眼光，客觀地看待他自己、讓你不受情緒的影響，以溫和的態度善待自己的孩子。同理心簡單易懂，卻不容易做到。如果你願意，只要用心勤加練習，將會大大改善親子之間的關係和品質。

光看我的說明，也許你還不容易體會。有幾位參加我授課「教練技術實務工作坊」的學員，他們大都也身為人父、為人母，在兩次同理心學習與應用後，我請他們寫下同理心的定義，及深切的體驗。他們的分享很有深度，讓我大感意外，我邀請他們將心得放入本書中，他們欣然同意與你分享，我相信你讀完他們的學習心得，一定能讓你有更深刻體會。我的用意是激勵你學習並應用，你會感受到同理心的力量。

這幾位學員對同理心的定義如下：

D學員：我本以為我很擅長使用同理心的；後來發現，原來是誤解。同理心就是換位思考，就是站在對方的立場來思考。同理心是認同對方需要人懂、需要被理解的需要，是建立信賴關係的第一步，是教練技巧的基石。如果沒有同理心（信賴）的基礎，後面再多的教練技巧，也都會事倍功半，甚至於白做工。同理心是雙向溝通的實現。觀察與接收來自對方的語言與非語言訊息，並試著瞭解（懂）對方，然後透過回應（同樣的口語表達及肢體語言）來嘗試讓對方知道他是被理解了。

P學員：原先粗淺認知「同理心」就是用對方的角度去思考對方的感受，並且轉換適當用詞回饋。學習之後，才知「同理心」是要從認知、情緒、行為三方面，去感受對方的真實狀態如何，並且回應對方，使對方感受到被瞭解、被尊重、被同理，也許因此能達到自癒的成效。

N學員：同理心是人類慈悲情懷的一種湧動，也是人際智慧的一種展現。同理心讓人打開心門、釋放我執，覺照當下、清澈思緒，方能深刻的感受對方，方能貼切的表達感受。

J學員：同理心是一種與對方同步的和諧狀態，在此狀態下，能敏銳體會對方內在心理感受、覺察其認知思考與外顯行為所蘊含的意義，並依此做出如平面鏡像般的客觀反映予對方。

L學員：同理心就是能讓對方覺得你能感同身受，讓對方有被了解、被懂。要展現同理心，必須有一顆關懷的心，專注及傾聽，還有能夠將其細膩表達出來的說話能力。

至於學員們對「同理心學習」的體驗如下：

D學員：哈，我終於瞭解。三十年前，我一位紫微斗數很強的同事幫我算八字，說我兒女緣薄，原來不是宿命；原來事出有因，真的是咎由自取。

P學員：同理心演練後，我發現自己需要更多的演練，如同書法學習，看過書法老師示範寫字之後，回到家必須親自練習書寫百次以上，才能真的明白並且寫得出來。經過一整天，浸淫在同理心的反覆演練學習之中，之後的二大及五官還有我的「心」，似乎戴著同理心的「過濾網」，面對家人、朋友的任何話語或文字。我都會試著去探索它背後的認知、背後的情緒、背後的行為是什麼？再試著用適合的話語回應，幫助自己及對方。這將可能發展成為一種個人生活哲學、思想行為模式。騎摩托車回家的路上，我一路上與老婆對話，一直同理一直同理，竟然老婆吱吱呱呱回應個不停，有時說「對啊！」，有時說了讓我聽了不認同的語言，但之後，她接著說出心中很多的真心話，包括抱怨與期待。我洗耳恭聽，嘗試尋找話語中的關鍵字，及其背後的真實情緒，再練習以適當的話回應。哇，一路上老婆好吵喔！

J學員：越來越能體會老師書中用平面鏡像的反射來比喻同理心，同理心就有如運作一首和諧雙人舞的核心動力源，運用得當將能夠感受到舞伴的脈動與頻率，使雙方能夠同步且拉近心理上的距

離，在這次的同理心演練中，我感受到同理心的力量，能逐漸卸下各種防衛與掩飾的偽裝，更加清晰且誠實的面對真實的自我，自然而然的引發對方解決問題的能力，讓我深刻感受「賦權」（empower）給對方，進而激發改變的力量。

L學員：經過同理心演練，當靜下心來專注傾聽對方時，真的可以覺察肉眼看到，及聽到聲音之外的訊息。但是，當要把這些發現用口語表達出來時，又碰到表達詞彙不夠用的困難。

什麼是問問題？

當孩子遇到困難或需要父母協助時，通常會直接給孩子答案，習慣給孩子答案，看起來輕鬆省事，或者認為可以讓孩子少走一些冤枉路，用意雖好，卻讓孩子失去獨立思考的機會。

愛因斯坦曾經說過：「想像力比知識更重要，重要的是不要停止問問題。」問一個好問題或開放式問題，會啟動思考，能幫助孩子釐清混淆的思想，深入澄清自己的思維模式，在混亂中找出一條路來，同時能條理出事情的優先順序，擬定計畫與採取行動。問好問題的前提，來自於專注、傾聽、及準確的同理。

愈是帶著尊重與理解，愈能直入人心，了解深層的內在想法或感受。為了延伸交談的話題，或深入理解對方，可以透過不同形式的提問法，來達到溝通的目標：

（1）與**對象**（Who）有關：「聽起來你和某某人做了有趣的事，說來聽聽……」、「同學說了讓你不高興的話，你怎麼回應他？」、「你們又吵架啦，有什麼事情不愉快呢？」

（2）與**什麼**（What）有關：「看你一副生氣的樣子，發生了什麼事？」、「看你心情好得很，學校發生了什麼有趣的事情？」、「看你今天心情似乎不太好，你怎麼了？」

（3）與**時間**（When）有關：這類提問又與過去、現在和未來有關。「你現在遇見的難題，過去都是怎麼解決的？」、「你現在打算怎麼處理這件棘手的問題？」、「如果你想有效率的讀書，你打算怎麼安排你的時間？」

（4）與**場合**（Where）有關：「你們有計畫去環島旅行，想去哪些地方？」、「到寒冷的地方去要注意些什麼？」、「你參觀博物館時，看到哪些令你驚嘆的作品？」

（5）與**做法**（How）有關：「如果老師把你問倒了，你要怎麼回應？」、「當你回家發現鑰匙忘了帶，會怎麼處理？」、「如果你想考取理想中的學校，你要如何準備呢？」

（6）與**理由或答案**（Why）有關：「你這樣想的理由是……？」、「我想知道你這樣做的理由和堅持……？」、「你拒絕你的同學，我猜你有你自己的想法，說來聽聽吧！」

要留意，當你直接問「為什麼？」（例如，你為什麼一直打電玩？）通常是想直接知道對方的答案，若是你的語氣不好，又態

度不佳，你問的問題會像「質問」或「審問」，會讓對方感受到壓力、不尊重，只會惱怒對方而拒絕回答，或引發更大的爭執，讓關係更糟糕或惡化。

對孩子問問題，態度要溫和，速度要放慢，語句要清晰易懂，問題切中核心，一次只問一個簡單的問題，還要留充裕的時間，讓孩子思考及準備回應。開放式問題，有助於孩子澄清想法、將抽象概念轉為具體內容。問了封閉式問題，你僅能得到粗淺或 yes 或 no 的回答，你問的問題就會像肉包子打狗，有去無回。學齡前後的孩子較適合使用封閉式問題。

一位參加我授課「教練技術實務工作坊」的學員，在上了兩次課後，迫不及待回家，試著應用教練的方法在親子的互動上。不久之後，在臉書上分享他的應用心得。

他寫道：「我運用了教練的部份技巧，與孩子對話，化解了一場可能的衝突！我的心得是：『**跳出父母的角色，用教練的方式對話，沒有情緒在其中，從對話中理性去找關鍵字，再加以提問！**』不到三分鐘的對話，孩子心平氣和地自動將偷藏的網路線交出來了！青春期的孩子，著實難應付，現在仍尚未脫離風暴期，需要一再告訴自己『平心靜氣』地用教練方式面對未來無數的挑戰。想像自己不是父親，而是教練，也許較能平心靜氣！」

以下是他將與孩子的對話過程寫下來分享，請你先看這段對話（C：孩子，F：父親），之後我會將這段對話加以分析，讓你明白如何應用教練對話來避免親子衝突。

我到孩子（國三男生）房間門口，輕敲其門。

C1：幹嘛？

F1：可以開門嗎？爸爸有話跟你說。（我再輕敲幾下房門。）

C2：（開門後說）幹嘛？

F2：我只是想問一件事，網路線是不是你拿去？

C3：是，又怎樣！

F3：我想知道，你是不是從我的背包拿出來的？

C4：是，又怎麼！

F4：好，如果我沒有經過你的同意，從你的書包拿東西出來，你會
　　怎麼？

C5：沉默不回答。

F5：其實，我可以直接去中華電信取消上網，但是，我想這樣做對
　　你沒有幫助，因為我們要的是要學習如何管理。

C6：（自動拿出網路線，並說）你出去！（緩和的語氣）

F6自述：之後，我出門，孩子自己輕關其門（以前是重力關門）。

　　這是一段很有意思的對話，仔細看看，孩子前面兩句話只有：
「幹嘛？」、「是，又怎樣！」語氣與態度也不佳，一副愛理不理的
樣子。要是父母看到孩子這副德性鐵定扳起臉孔，氣得七竅生煙，
馬上怒罵回去，教訓一番。

　　這位父親用「假設性」的語氣（非指控）對孩子說：「我想知道，你是不是從我的背包拿出來的？」父親沒有生氣，而是客觀地說出對事實的假設。

　　接著他以角色互換的方式來溝通，孩子聽到父親的回應後，變得無言以對。這是讓孩子學習換個立場，體會父親的心情。

F5：其實，我可以直接去中華電信取消上網，但是，我想這樣做，
　　　對你沒有幫助，因為我們要的是要學習如何管理。

　　這句話反應出，父親雖然可以採取斷然處置的方式取消上網，但是他並沒有這麼做，這也是出於對孩子的尊重。他沒有採取強制性的方法對待孩子，而是點出自我管理的重要性，沒有嘮叨與說教，這樣的表現正可以讓孩子從父親身上學到對人的尊重態度。

　　最後，不但孩子的怒氣消了，主動交還網路線，以不同以往的回應方式（見C6和F6），**輕輕關上房門。讓這段有可能引起親子間衝突的情境，最後以比較平和的方式落幕。**

　　這位父親有對孩子惡言相向嗎？他需要以父親的權威角色來管教嗎？沒有，父親以理性面對，但態度溫和而堅定。你也沒看到父親用情緒性的字眼回應孩子，這就是一種教練式的溝通對話。難怪父親會說：「想像自己不是父親，而是教練；也許較能平心靜氣！」

　　我屢次受邀到不同場合與單位，和許多父母面對面談論親子關

係的相關議題。我也曾在大學擔任諮商中心主任七年之久，處理過許多親子之間的問題與衝突。我與台灣兒童暨家庭扶助基金會台南南區家扶中心，合作長達十餘年，這段期間家扶中心陸續為志工、弱勢家庭、強制親職父母們，辦理「親子教育講座」、「親職教育工作坊」、「親子溝通訓練」、「親子諮商」等活動。同樣的觀念與做法也適用於師生之間。我陪伴他們學習正確觀念與實務做法，以在專業及實務上成長。他們形形色色的問題，出現在我的實務經驗中，這些經驗也帶給我許多的反思，我將它整理出來，與你分享，一起來學習和成長。

不論你處於何種親子困境中，或正面臨親子衝突中，或覺得自己無法勝任父母的角色。只要你願意做點新嘗試或改變，你將發現超乎你預期的好結果。我們處在何種光景中沒有關係，重要的是我們朝向什麼目標邁進。

教練式父母──提問與反思

- 教練觀點中，有哪些對你很受用？
- 有哪些觀點你可以進一步應用在親子關係中？
- 其他的反思：

第 3 章

社會價值下的
「東方父母」

如果你的孩子告訴你，
將來要當藝術家、運動選手、開咖啡店、當 YouTuber 做網紅等，
你會有什麼反應呢？

　　要了解親子之間的親密或疏離、獨立或依賴、問題與衝突、控制或自主等關係的議題，需要回到整個文化與社會的背景，深入瞭解與細細品味，才能帶來省思與覺察。

　　本書接下來的觀點與案例，如果你稍加留意，將會發現這深藏在文化社會的信念與價值，無形之中隱隱地支配著我們的教養觀與管教態度，盼望這些內容，不僅引出深刻的省思，更能觸動你的改變，進而帶出行動力。

　　「管教」一詞在希臘文、希伯來文原意中有磨練、糾正、譴責、教養、及訓練之意，意思是指父母親透過磨練、糾正、譴責、教養、及訓練等不同方式來教養孩子。

　　然而東、西文化在教養上，有不同的觀點與做法，下文之陳述不在比較東、西方文化之優劣，僅就各自在其所屬文化底蘊下呈現的現象來描述。

　　東方社會以「他人」為焦點，重視他人的意見與批評，如果我們做不到符合他人（父母親、祖父母、家族、師長或生命中重要他人）的期望，讓家族或祖先失去面子，將衍生出羞恥感或自責感。例如，子女的表現是為了「光宗耀祖」，若沒有半點成就，就「無顏見江東父老」。

　　因此，長輩期待晚輩要努力有所成就，以便光耀門楣；子女則為成就父母的期待而努力，於是形成兩代（或多代間）相互依賴的

文化。由這種共存共榮的文化現象，衍生出來的教養觀，父母會擔心子女們未來的表現，而主動安排孩子的學習，給許多的意見，要求子女按著父母親的計畫，鋪陳其未來的出路。

學者指出東方文化為「**工具性的親情**」，意指父母親藉由撫育或促進互賴來達成目標，並傳遞對子女愛的訊息。父母藉由盡力鋪設子女未來的前途，及強調照顧子女的健康與安全，作為對子女的愛的表現方式。

林文瑛的研究指出[01]，國人的教養反應出幾種不同的思維。

嚴教觀：愛之深責之切。

磨鍊觀：玉不琢不成器。

打罵觀：不打不成器。

決定觀：虎父無犬子。

尊卑觀：天下無不是的父母。

懲戒觀：殺雞可以儆猴。

這些觀點背後反映出國人的教養做法是：父母愛子女是以責罵的方式來表現，打罵孩子是為了讓子女成器，因此對孩子要嚴加管教與訓練，父母自身的優點，期盼在孩子身上延續並發揚光大，所

01　林文瑛（1992）。體罰實態、理論及心理因素之探討。應用心理學報，第1
　　期，頁53-77。

以父母的要求與做法是不會錯的。

　　西方社會以「**自我**」為焦點，強調認識個人的特質並開發個人獨特屬性，培養興趣與發揮才華，建立面對自己與他人，或面對社會與環境的能力，對自我有深入的覺察、力求個人的表現。個人努力的目標是參照自我的「內在標準」來表現行為，最終形成獨立的人格與文化。

　　西方培養孩子獨立的人格，是父母提供成長的空間，要求孩子自我學習，對未來的人生目標，要靠自己努力去爭取並達成，凡事要自己做決定，並為決定負責。此種以自我為中心的方式，不免出現個人主義或英雄主義。

　　湯本指出[02]，「西方人的人情是一種『有距離感』的人情，這源自於個人的獨立性。這種有距離的人情，不僅使得人具有完全的隱私權，還充分地保留了自己的隱私權，因為有距離也形成人情的張力，這股張力使人在感覺很親近的時候，也不會讓受施者對施予者產生依賴；即便人情淡漠了，也不會帶來任何人之間的衝突和矛盾。因此，西方人的人情可視為一種『社會公眾關係的潤滑劑』，使人和人之間的陌路感減少，人和人之間的抵觸和粗糙得以消解。」

02　湯本（2008）。美國的人情。取自 http://matawanny.blog.jiaoyou8.com/friends_diary/%C1%F8%C0%CB%B2%D8%DD%BA/0_0_0/view_01579365_yes_0_0.html

你想教養出什麼樣的孩子？

在進入教養觀前，我們先來釐清幾個關鍵概念的定義：

（1）學習：獲得知識、理解或技能的研究、指導或經驗；

（2）訓練：教一個指定的技能，特別是通過實務或實踐的過程；

（3）教育：給智力和道德的指導，尤其是作為一個長期的過程；

（4）發展：帶來積極的狀態或達到成熟。[03]

多數父母都希望教養出「知書達禮」的小孩。「知」與「達」表示懂得。「禮」是指合宜、恭敬的態度。「知書達禮」是指熟讀詩書，懂得禮節，形容人有學識與教養。

我將教養分為四個類型[04]（見圖3）：

第一類型為「知書，達禮」；第二類型為「不知書，達禮」；第三類型為「知書，不達禮」；第四類型為「不知書，不達禮」。我相信多數父母會期待教養出第一類型「知書，達禮」的孩子。不僅學識好，專業才能佳，懂得做人有謙虛，更有讀書人的風骨。

反之，父母親想必不願意教養出第四類型「不知書，不達禮」的孩子。既沒有知識水平，又不懂得人情世故，大部分的人對這樣

---

03 牛津英語百科。

04 元朝無名氏《馮玉蘭》第一折：「只我這知書達禮當恭謹，怎肯著出乖露醜遭談論。」

的人大概都是敬而遠之，能閃則閃，能躲則躲吧！如果你的孩子身邊有這樣的同儕，你可能會叫他們閃遠一點，對吧！

圖3：四種教養類型

```
              知 ——— 書 ——— 不知
       ┌──────────────┬──────────────┐
   達   │      ❶       │      ❷       │
       │  知書，達禮   │  不知書，達禮 │
   禮   ├──────────────┼──────────────┤
       │      ❸       │      ❹       │
   不達 │  知書，不達禮 │ 不知書，不達禮│
       └──────────────┴──────────────┘
```

　　至於另外兩種類型的孩子，哪一類型父母會優先考慮呢？

　　毫無疑問的，你會優先選擇第二類型「不知書，達禮」對嗎？就算孩子對讀書不感興趣，沒有接受高等教育，但懂得做人做事的道理，都可以接受，也就是以品行優先。例如：連小學都沒畢業，隱身在偏遠台東的菜市場賣菜的陳樹菊阿嬤，她將微薄的收入，慷慨解囊捐助給需要的人，將小小的義行，發揚光大，成為大大的義舉與影響力，超越許多有地位的有錢人。

　　她的義舉使她榮獲美國《時代》雜誌2010年最具影響力，時代百大人物之「英雄」項目第八位。同年，她也獲得了《讀者文摘》頒發的第四屆「年度亞洲英雄獎」，及由時任教育部部長吳清基，頒發一等教育文化獎章。菲律賓「麥格塞塞獎基金會」則在2012年

7月25日宣佈，陳樹菊因長年行善，展現「純粹利他主義」，榮膺當年「麥格塞塞獎」（Ramon Magsaysay Award）六位得主之一，獲邀到菲律賓領獎。[05]

再來第三類型為「知書，不達禮」的孩子，這樣的孩子你是否會覺得很遺憾呢？大家不妨看看，近年來一些接受過高等教育，卻是智慧型犯罪者的例子層出不窮。除此之外，周圍不少朋友向我反映，大學校園裡的一些教授，眼睛好像長在頭頂上，自視甚高且孤傲，自以為了不起，瞧不起別人，不懂得謙卑，不與人合作，態度欠佳。聽了讓我感到難過與汗顏，套用一句台語俗諺：「讀書讀到背後去了。」你想教養出自視甚高，孤芳自賞的孩子嗎？

在此，我要請你從下面三個問題來反思，自己內在對孩子真正的期望與動機為何？

你會不會在意孩子的成績，甚於未來孩子需要培養的能力？
你會不會在意孩子的功課，過於孩子如何適應未來的生活？
你積極照顧和培養孩子，是讓他有好的適應（生存）能力？

05　維基百科 https://zh.wikipedia.org/wiki/陳樹菊

教練式父母觀念

將你的孩子視為具有潛力且值得開發的人。

孩子是璞玉，有待你琢磨。

孩子是蒙塵的珍珠，有待你擦拭發亮，而非看到表面的灰塵就嫌棄他，或用布蓋住而失去光芒。

面對 21 世紀，未來的教育會如何？父母如何因應未來孩子們的學習？舊方法還能應用在新環境中嗎？如果我們的心態還不改變，如果我們教育子女的觀念與方法，還停留在舊時代，會有什麼結果呢？你豈能不擔憂呢？我們一起來看看，在時光的推移中，因著渾沌、不確定的時代來臨，全球大環境的改變，教育觀念與做法也必須跟著轉變，**職場上招募人才除了專業能力之外，學習態度、溝通合作、跨領域學習、情緒管理等更是重要的影響關鍵。**

早在 1920 年「智慧」一詞有新的定義出現：智慧是指能在新環境中的應變能力，包含五項能力：

（1）抽象思考的能力，

（2）適應環境的能力，

（3）適應生命中新情境的能力，

（4）獲得知識的能力，

（5）從已有的知識和經驗中獲得教訓的能力。

　　請想一想：我們在孩子的成長與學習過程中，有沒有注意到如何讓孩子培養這些能力，能從書本中學到上述的能力嗎？如果學校教育不能提供培育「智慧」的功能，那在家庭教育中，身為家長的我們能做些什麼呢？

　　「聯合國教科文組織」於1998年的國際教育會議中，曾提出了未來培養關鍵能力的四個學習支柱：

Learning to Know（學習知的能力）、

Learning to Do（學習動手做）、

Learning to Live Together（學習與他人相處）、

Learning to Be（學習自我實現）。

　　讓我們就用這四個關鍵能力指標，來檢視一下我們的教育。你認為我們的教育著重在哪些指標？

　　我問過不少父母及學生，不約而同的都認為，學校教育大都集中在學習知的能力（尤其是高中之前），其次才是學習動手做（到了科技大學才有較多的實作課程）。我們的教育太集中在智育發展了，不是嗎？有些父母告訴孩子，努力考上第一志願，當上「師」字輩的人物：如醫師、律師、會計師、工程師、建築師等，將來就生活無虞，光這樣，父母的責任就功德圓滿了嗎？

　　反之，我們有強調讓孩子學習怎麼與他人相處嗎？我們會教導孩子如何探索自己，為自己訂定人生的方向，鼓勵孩子努力自我實現嗎？父母們如果重視這兩種關鍵能力，當孩子與人相處上遭遇困難，在探索自己卻碰到迷霧時，就應該思考如何耐心陪伴孩子，跨越困境的迷茫，並找尋適合的資源協助孩子。

　　如果你的孩子告訴你，將來要當藝術家、運動選手、開咖啡店、當 YouTuber 做網紅等，你會有什麼反應呢？若是你的小孩，像旅美華裔青年吳季剛一樣，從小喜歡玩芭比娃娃，你會讓小男生玩小女生的玩具嗎？你會不會擔心孩子變得娘娘腔呢？或擔心孩子將來沒有出息呢？

　　多年前一本暢銷書《未來在等待的人才》，書中提到知識不再是力量，感性才是力量。其概念如下[06]：

　　這個世界原本屬於一群高喊知識就是力量、重視理性分析的特定族群——會寫程式的電腦工程師，專搞訴狀的律師，和玩弄數字的 MBA。但現在，世界將屬於具有高感性能力的另一族群——有創造力、具同理心、能觀察趨勢，以及為事物賦予意義的人。我們正從一個講求邏輯與計算機效能的資訊時代，轉化為一個重視創新、同理心，

06　Daniel H. Pink 著，查修傑譯（2006）。未來在等待的人才，頁7-9。大塊文化出版。

與整合力的感性時代。……設計、故事、整合、同理心、玩樂、和意義,這六種關鍵能力又來自兩種感知:「高感性」(High Concept)與「高體會」(High Touch)。高感性指的是觀察趨勢和機會,以創造優美或感動人心的作品,編織引人入勝的故事,以及結合看似不相干的概念,轉化為新事物的能力。高體會則是體察他人情感,熟悉人與人微妙互動,懂得為自己與他人尋找喜樂,以及在繁瑣俗務間發掘意義與目的的能力。

本世紀初,詹森(Stein B. Jensen, et al.)等人也已在「國際工程教育研討會」中,提出未來競爭力的公式[07]:

$$C = (K + S)^A$$

C 是競爭力(Competence),K 是知識(Knowledge),S 是技能(Skill),A 是態度(Attitude)。其中的關鍵在態度,態度具有加乘的效果。

07　Stein B. Jensen, et al.(2001).International Conference on Engineering Education. Oslo, Norway。

　　二十一世紀關鍵能力聯盟委員崔林和費德（Bernie Trilling & Charles Fadel）則認為[08]，教育的大目標與最大的挑戰，是讓學生有能力為世界、工作和公民生活貢獻一己之力。他們提出了未來的成功學習方程式：

3RS X 7CS ＝21 世紀學習

　　3RS 的技能是指閱讀、寫作和算數。

　　7CS 指嚴謹思考與問題解決（Critical thinking and problem solving）、創造力與創新力（Creativity and innovation）、合作、團隊工作與領導力（Collaboration, teamwork, and leadership）、跨文化了解（Cross-cultural understanding）、溝通、資訊和媒體素養（Communications, information, and media literacy）、電腦和 ICT 素養（Computing and ICT literacy）、生涯工作與獨立學習（Career and learning self-reliance）。

　　著名的科技界人物李開復則認為[09]，我們正身處一個「平坦的世

08　Bernie Trilling & Charles Fadel 著，劉曉樺譯（2011）。教育大未來 —— 我們需要的關鍵能力，頁83，240。大彥文化出版。

09　李開復（2008）。給中國學生的第七封信：21世紀最需要的七種人。我學網（開復學生網）。

界」——在21世紀裡，世界任何一個地方需要的最優秀的人才都應該具備國際化、現代化的特點。21世紀的人才定義已從狹義的「優秀的個人擁有某方面的特質」，轉變為廣義的「在個人素質、學識和經驗、合作與交流、創新與決策等方面都擁有足夠的潛力與修養」。他列舉20世紀與21世紀最需要的人才之差異（見表1）。

表1：20與21世紀最需要的人才對照表

20世紀	21世紀
勤奮好學	融會貫通
專注創新	創新與實踐相結合
專業人才	跨領域的綜合性人才
智力IQ	IQ + EQ + SQ
個人能力	溝通與合作能力
選擇熱門的工作	從事熱愛的工作
紀律、謹慎	積極、樂觀

　　綜觀前述的觀點，你是否發現未來社會所需要的人才，不再只是會唸書、成績好的孩子，智育也不是衡量未來成就的唯一指標。相反的，人際互動、溝通協調、團隊合作、同理態度、創意思考等，才是關鍵的人才指標。若我們還停留在「萬般皆下品，唯有讀書高」的守舊信念中，我們將可能失去培養孩子生存與應變能力的契機。

你是什麼樣的父母？

過去幾年，台灣出現「**東方父母症候群**」與「**直升機父母**」的現象。張秋政提到「東方父母症候群」（Chinese Parents Syndrome）的幾個症狀[10]：

（1）過度保護、限制太多：

他認為「一切都是為了你！」是許多東方父母對子女常說的話，但那其實是父母假呵護之名，父母一心一意想要主導子女的一生，行操控之實的病態犧牲。

（2）把希望與榮耀寄託在兒女身上：

東方父母常對孩子說：「你只要好好唸書就好了，其他都別管了！」這種作法嚴重的剝奪了孩子學習生存及養成獨立人格的成長機會。

（3）忽略孩子是獨立的個體：

東方父母無法接受孩子是獨立個體的事實，藐視孩子思想、看法或夢想，忘了孩子也有「基本人權」（human right），對孩子總是處處干預，不論在學業、事業甚至是婚姻上。

---

10 張秋政（2003）。A+下一個優質社會。智庫文化出版。

教練式父母做法

提供寬廣環境，孩子成長的範疇更大！

孩子是上天賜給父母親的生命禮物，父母親受上天之託付養育兒女。父母親的責任是「養育」和「教育」子女。孩子猶如一顆種子，種在土裡，父母親好比園丁，提供花盆、培土、與養分。你的花盆（環境）有多大，花草（孩子）就長多高多壯，土壤養份（教養）的多寡，決定花草生長的品質（品格）。

孩子是怎麼長大的？在什麼環境就怎麼成長！美國教育學博士桃樂絲（Dorothy Law Nolte）在其著作〈孩子在生活中學習〉中有一首詩，是最好的註解：

當孩子生長於批評中，他學會論斷人。

當孩子生長於敵意中，他學會攻擊人。

當孩子生長於恐懼中，他學會了焦慮。

當孩子生長於無助中，他為自己抱憾。

當孩子生長於荒唐中，他學會了羞愧。

當孩子生長於忌妒中，他學會了懷恨。

當孩子生長於羞辱中，他覺得罪惡感。

當孩子生長於鼓勵中，他學會了自信。

當孩子生長於包容中，他學會了忍耐。

當孩子生長於讚美中，他學會了欣賞。

當孩子生長於接納中，他學會了愛人。

當孩子生長於肯定中，他學會了自重。

當孩子生長於被認同，他有確定目標。

當孩子生長於分享中，他學會了慷慨。

當孩子生長於公平中，他學得了公義。

當孩子生長於誠實中，他學得了真理。

當孩子生長於安全中，他充滿了信心。

當孩子生長於友愛中，他將樂於存活。

　　教育記者李雪莉則觀察台灣出現一個新趨勢：過度介入、過度焦慮的「直升機父母」（helicopter parents）[11]。這是一群1961至1976年出生，在解嚴前後接受大學或義務教育，被威權教育訓練為學歷至上的競爭動物，上最好的學校、爭取頂尖工作的世代。他們看到社會的轉變，試圖以不同於父母輩對自己的權威教養，創造出較民主

11　李雪莉（2007）。別當直升機父母。天下雜誌，第368期。

或自由的「教養觀」。這群人對「完美小孩」的期待；口說不愛升學主義，但他們卻相信「愛＝讓孩子成功」；經常會因孩子的成功或失敗，而有過度的憂傷、哭泣，有較多負面的想法、較少的愉悅與生活滿意度。

　　你期望自己是什麼樣的父母？你又怎麼看你的父母？你對自己的父母有哪些期待呢？這些期待你自己做到了嗎？你孩子眼中的父母又是如何？《讀者文摘》曾於2005年進行一項跨國性，針對亞洲八國父母評比的研究指出[12]，台灣父母評比是最後一名，受訪青少年評為最低分的父母。你看了做何感想？

你面對什麼樣的孩子？

　　不少父母抱怨著說：「我真搞不懂我的孩子在想什麼？」、「我的孩子什麼話都不對我說！」、「好像不能對孩子說什麼，一說話就把我當作和尚在念經，理都不理轉頭就走！」、「我這麼用心替他著想，為他做好一切安排，為什麼孩子不能體會我的用心？」你應該也聽過不少這類的抱怨，或者你也曾經如此抱怨過。

　　父母親似乎總猜不透這階段孩子的心思意念！

　　面對青春期的孩子，父母都有很深的挫折感，父母親始終在尋

12　何琦瑜（2005）。台灣父母做得好嗎？天下雜誌，335期，頁120-127。

覓開啟與孩子對話的那把金鑰，卻都不得其門而入。對於孩子的叛逆、不聽話、不配合、自作主張、不把父母親放在眼裡等行為，不少父母親的反應是不耐煩。有時候情緒上來了，輕則脫口而出，成了嘮叨的父母，重則責罵或仗打孩子，指責孩子不識相、沒有把長者放在眼裡，欠缺禮貌和教養。

你的孩子沒有可誇之處嗎？不會吧。你的孩子是冥頑不靈的孩子嗎？不會吧。你的孩子一文不值嗎？不會吧。你的孩子是朽木不可雕也？不會吧。

不，不，不，你的孩子絕非你所想像的那個樣子。到底你面對的是什麼樣的孩子呢？

你需要的是理解、尊重、包容與接納你的孩子。切記，**你面對的是一位在生理和心理都「未臻成熟」的孩子，你面對的是正處於「身心變動劇烈狀態」下的孩子，他的表現是「不穩定且高低起伏的」，是一位逐步發展「邁向成熟」的個體。**

用嶄新的眼光
踏上一條探險之路

讓我們一起去探險，認識你的孩子。你要帶著好奇心來尋寶，尋寶不只是探險的過程，你還要做好充分的準備，例如：準備開山刀，披荊斬棘以便開出一條前進的路。準備好照明設備，以便在黑

暗中仍然能繼續前行。準備好備用糧食以備不時。準備好禦寒衣物，以便在荒郊野外夜宿時可以保暖。準備好一份地圖，好讓你知道該往何處去。準備好指南針，讓你在迷路時，能正確地回到既定的路線。我準備好了，你呢？當你做好萬全的準備，我們就可以出發去探險了。

我的一位好友，素有「慢飛天使的守護者」之稱，她是發展遲緩兒童早期療育協會前秘書長林美瑗。

有次她與我分享法國作家普魯斯特的一句話，或可為這趟探險之旅，下個最佳的註解：「**真正的發現之旅，不在尋找新的景觀，而是擁有新的眼光。**」

又如法國評論家和小說家斯塔爾夫人說的：「想要理解所有的事情，只有把我們變成非常地寬大才有可能。」所以，請放下你對孩子的成見，重新看待你的孩子，好好地進入孩子的內心世界。

若你能用嶄新的眼光及寬大的胸襟，來了解孩子的身心發展狀況，你就能掌握與孩子面對面地相處之道。

孩子在不同的發展階段，各有其發展目標與特色。面對孩子不同的發展階段，你要有不同的應對方式。誠如《心靈雞湯》著作上的一句話：

「**重要的是你如何看待發生在你身上的事，而不是到底發生了什麼事。**」

教練式父母——提問與反思

- 你的教養觀與信念有哪些？
- 孩子的行為表現，反映出你哪些教養觀？
- 你的孩子是出自四種教養的哪一種類型？
- 面對自己的孩子，你有哪些省思？
- 你可以做哪些調整與改變？

第 4 章

你認得
自己青春期的孩子嗎？

你是孩子未來命運的啟動者，是孩子展現生命價值的雕塑者，

你要體認自己與孩子都是有價值的人，

才能正確應用教練式父母的觀念與方法。

我需要被了解，不需要被嘮叨

　　青春期的孩子最令父母親傷腦筋，我很少看到父母親能輕鬆以
對，看待自己青春期的孩子。

　　面對青春期的孩子，父母親的挫折大過於成就。父母的關心成
為嘮叨，嘮叨成為孩了的負擔，嘮叨成了親子關係無形的高牆。美
學大師蔣勳過去接受媒體訪談時有一段話，與我心有戚戚焉，他
說：[01]

> 在我們生存的社會裡面，使用語言的機會太多。我們常常
> 會變成某種聒噪而不自覺。聒噪就是它變成一個聲音，對
> 方可能是聽不進去的，包括很善意的部份。
>
> 一個父母對孩子，一個老師對學生，善意也可能變成聒
> 噪。當你沒有讓對方感覺到特殊的一種關心在裡面的時
> 候，那個語言就喪失了力量。
>
> 我跟很多父母說，怎麼去精簡自己的語言，怎麼樣子在不
> 同的時空裡面，善於運用你的語言，而不要讓這個語言變
> 成反效果。因為我們叫作嘮叨、叫作囉嗦的時候，這個語
> 言完全喪失了力量。

01 蔣勳（2010）。美的覺醒──孤獨六講：語言孤獨。

你會發現，那個在聽訓的孩子，他是特別孤獨的。因為他會覺得「你完全不瞭解我」。他就形成一個很奇怪的封閉系統。你會發現媽媽的嘴巴一直動，可是那個孩子其實兩個耳朵是塞起來的。

其實，如果你能了解青春期孩子的心理特徵，將有助於你陪伴孩子度過青春期的風暴。「**青少年期**」（adolescence）一詞源自拉丁文動詞adolescere，意指「成長」或「趨於成熟」。

青少年（teenager）泛指13至19歲的人。又分青少年期前期（11至14歲）、青少年期中（晚）期（15至19歲）。青春期是指生理發生變化（性成熟）的時期。

一般而言，青少年的孩子們展現出下列五項心理特徵：

（一）在兒童期與成年期之間的過渡階段

過渡階段在發展的過程中，是無可避免的。**過渡期猶如從一個島（兒童期）跨越到另一個島（成年期），中間必須要有橋梁（青春期）的連接，穩固的橋樑可以讓孩子順利通過此階段。**換成是搖晃的吊橋，走起來必是步履闌珊驚險萬分，要通過它可不容易。但是，不管是什麼橋，沒有橋是跨越不過去的，橋成為銜接兩端島嶼的重要通路。

　　我想你對吳寶春的故事，應該也耳熟能詳。吳寶春與他的兩位夥伴曹志雄與文世成，參加2008年在法國巴黎舉行，有「麵包界奧林匹亞」稱號的「樂斯福盃麵包大賽」（Coupe Louise Lesaffre）奪下世界銀牌，同時吳寶春亦拿下該項賽事「歐式麵包的」個人優勝。2010年，吳寶春又代表台灣，參加在法國巴黎舉行的首屆世界盃「麵包大師賽」（Les Masters de La Boulangerie），再度獲得歐式麵包組世界冠軍。

　　我的孩子受到吳寶春故事的影響，興味盎然地想嘗試做麵包，如法炮製一番，卻無功而返。她們把所有的食材與器具都準備得一應俱全，卻因為經驗不夠，時間拿捏不當，不懂發酵的過程和時間的掌握，做出來的麵包不僅味道不對、香氣不夠，還蓬鬆塌陷。但在摸索體驗做麵包的過程，我卻有深深的體會，陪伴孩子玩麵糰是一段歡樂與美好的時光，陪伴過程比做的好不好更值得。

　　「發酵」是製作麵包過程中很重要的關鍵步驟之一，麵包是利用酵母在麵粉與水所形成的網狀組織（即麵筋）中發酵產生的二氧化碳，使麵包麵糰不斷脹大，然後在烤箱中受熱，使得麵糰再次膨脹，而得到體積大的鬆軟麵包。

　　發酵過程中有三個需要拿捏準確的要素：一是攪拌溫度控制，二是發酵之室溫，三是發酵時間控制。發酵需要經過三個程序：當麵糰第一次攪拌完成是「基本發酵」；其次是進行「分割麵糰」，進行滾圓動作後讓其鬆弛，這是「中間發酵」；接著就是麵包整形，

整形後進入發酵箱發酵，這是「最後發酵」，發酵完成即可烤焙麵糰。

青春期階段猶如等待發酵的麵糰，你需要等待他們發酵完成，你需要「耐心等候」最佳的「發酵時間」，才能做出好麵包來。在青春期的發酵過程中，父母提供「支持與鼓勵」，等於是提供最佳的溫度與濕度，「理解與尊重」等同給予最佳的成長空間，給予「教練與指導」等於塑造孩子的特質與能力。

（二）在自我理想和現實之間來回徘徊

有沒有注意到孩子對未來，總是充滿著憧憬與夢想，他們可能會講得很漂亮、很理想卻做不到，表現出來的是眼高手低，有時容易忽略現實的客觀條件與環境。你會潑他們冷水，還是罵他們不切實際呢？對他們的夢想你會支持引導，還是冷嘲熱諷，還是只叫他們好好念書，不要想太多？

憧憬與夢想是對未來的一種想像，儘管它不是那麼的符合實際與現況，對孩子們而言，卻是一個重要的階段，這裡有無限的想像空間，創意的來源之一就是好奇心與想像力。這是父母親幫助孩子，由現實走向完成夢想的好時機，不僅要正視它，也要儘可能把握住青春期這個最佳的教練時機。

孩子們在這個過程，會遭遇許多挫折，挫折會讓他們逐漸認清

現實，挫折讓他們有成長的機會。未來他們會逐漸自我調整到一個最佳的平衡點，兼顧理想與現實。

我個人很欣賞美國第40任總統雷根（Ronald Wilson Reagan），他讓美國經濟在歷經1981到82年的急遽衰退後，重新開啟了非常茁壯的經濟成長。他有句名言：「一個沒有夢想的國家，不能成為偉大的國家。」懷有夢想是一件好事，夢想需要有後續的行動來實踐它。然而沒有夢想，什麼事都不會發生。

實踐未來生涯（或職業）夢想需要經過三個不同的階段，首先是「職業憧憬」，其次是「職業探索」，第三是「職業定向」。這是一段連續的過程，並且相互有關聯性的。

職業憧憬是對未來想要從事的職業或工作，充滿著想像、幻想、迷思或嚮往的概念。就像小時候，孩子們喜歡玩扮家家酒的遊戲，在遊戲中扮演或模仿不同的角色，這是由兒童的眼中，觀察模仿反映在遊戲中的成人世界，透過遊戲來體驗這些角色。

因此讓孩子在遊戲過程中盡興，與他們一起分享角色扮演的感受。容許孩子們作夢，與孩子談論夢想，不要擔心他們不切實際，這對孩子的成長過程是極為重要的。父母要協助他們盡情揮灑，協助他們不斷的修正夢想，挑戰他們夢想中需要實踐的條件。

職業探索則是讓孩子們在求學過程中，經由課程學習、社團活動、父母親的職業、打工或兼職、或生活中實際的嘗試、摸索、操作、體驗等，進一步對不同的工作或職業有深入的認識與了解。可

惜大多數父母，只希望孩子們埋首苦讀，以為這才是務實之道，無形中忽略了讀書是知識的學習，探索則是體驗學習，是知與行的合一。只有經過探索才能成為一種生活經驗，這經驗會伴隨他們一起成長。

因此讓孩子有機會參與社團活動、與外界接觸、進入不同的職業領域，對孩子們是有助益的。經過探索之後，孩子們對於未來的工作或職業，能獲致淺薄的認識。同樣一種工作或職業，每個孩子的體驗與感受，也有著極大的差異，正像是「如人飲水，冷暖自知。」探索是邁向定向與成熟的重要關鍵，千萬別忽略。

職業定向是指經過職業憧憬與職業探索後，經由摸索與體驗後，逐漸對未來的工作或職業有了更具體的方向。他們慢慢會知道自己喜歡什麼領域，對什麼活動感興趣，並想要投入其中。面對升學會知道想要進大學讀哪些領域或科系，求職時會知道往哪個專業領域去發展。換言之，孩子們會愈來愈聚焦在一個特定的領域範疇。

職業定向好比行駛在大海中的船，有預定的航線，船上有羅盤儀器，有足夠的糧食，大船出發前需要準備好一切所需的物品，之後離開港口，航向下一個港口。若沒做好萬全的準備就出港，除了可能迷失方向外，還會有什麼結果呢？我們的孩子，因為升學的關係，似乎在這三個階段，沒有做好充分的準備，結果可想而知。根據國內外的研究顯示，生涯成熟度方面，東方的小孩較之西方的小孩不成熟，也較缺少生涯探索與發展。

（三）　在脫離依賴和尋求自主之間的矛盾

　　讓孩子獨立，是許多父母親對孩子最終的想法與期待。對孩子而言，這是一個既期待又怕受傷害的探索過程。「依賴」意味著父母親可以庇護孩子，並提供安全感與心理的依靠；「獨立」意味著不管未來遇見任何的情況，都要自己獨當一面，獨立的背後帶著冒險與勇氣。

　　從依賴到獨立不是一線之隔，而是一段「學習歷程」。孩子們要在嘗試錯誤中匍匐前進，有時會退縮、有時會冒進、有時會遲疑、有時又很果敢。他們不斷在依賴與獨立間徘徊游移。就發展的觀點而言，不管孩子們願不願意，或者環境對他們是否有利，肯定是朝向獨立的方向前進，父母親試著放手讓他們大膽的嘗試。

　　你對自己小時候學騎腳踏車的過程還記憶猶新嗎？我們不可能不經學習就會騎腳踏車，總要在搖搖晃晃的過程中，逐漸學會在不平衡中求取平衡感；總是在騎出去了，又摔下來的過程中，學會騎腳踏車。

　　如果你稍加留意，初期孩子需要仰賴父母親在腳踏車後面穩住車子，一旦孩子在快學會順暢騎腳踏車之際，會告訴你：「放手、放手、快放手」。這意味著：「我可以的，我沒問題，請不要擔心，我會騎得很好的。」孩子們需要的只是初期的協助，如果他們已經可以騎得很順暢，你還繼續將手抓住腳踏車的後座，會出現什麼樣

的景況呢？如果你仍然不放手，你猜孩子會有什麼反應呢？

（四）自我興趣和多元性向分化的關鍵期

　　孩子們在求學階段，總是將精力耗費在日以繼夜的讀書，及不斷的考試中渡過，父母也將眼光及注意力集中在孩子的課業及成績上。若將眼光放大、放遠，父母試問自己，是否已儘可能花時間，在培養孩子的興趣？是否已儘可能花精力，陪伴孩子發展多元的能力呢？

　　屢見不鮮的例子告訴我們，當孩子執意要走自己的路時，父母常在孩子功成名就後，才回頭來接受孩子的表現。2013年以《少年Pi的奇幻漂流》（Life of Pi）勇奪第85屆奧斯卡金像獎最佳導演大獎的李安，就是一個鮮明的例子。他高中時就讀名校台南一中，父親是台南一中校長，李安對讀書沒有興趣，但談到電影就生龍活虎。父親不認同他走電影之路，他卻執意要往電影事業發展。直到獲得奧斯卡金像獎最佳導演之後，才獲得父親的認同，這時的李安已不是青春期的孩子，而是中年有成的名導演。

　　在美國社會中，欲以亞裔身分進入NBA籃壇是非常不容易的事情。美國職業籃球NBA崛起的「林來瘋」——華裔球星林書豪，也是在苦練中等待機會，在沉潛一段時間後大放光彩。

　　如果你的孩子告訴你，將來要成為職業選手，你恐怕很難放心

答應。林書豪很早就立定志向往籃壇發展，也兼顧哈佛大學經濟學系的學業。他的允文允武與謙卑的個性，造就了獨特的林氏風格，父母的支持也是他最大的後盾。

父母親要協助孩子，找到一個發展的方向與路徑。父母親的職責在扮演一位成功的教練，協助孩子「尋得天命」02，否則你的孩子不是「拚了老命」、就是「浪費天命」、及「自怨歹命」。

讓孩子自知「喜歡與不喜歡」之別

前面我談到探索的概念，由探索進到「分化」就是逐漸定向。探索與分化需要一段長時間來醞釀完成，通常從小學高年級開始，甚至到大學或大學畢業後的階段，探索時間可能長達十餘年。

分化用一個簡單的比喻來說明，你會更清楚。你一定有到自助餐吃飯的經驗，有些人拿著餐盤，從第一道菜看到最後一道菜，又從最後一道菜走回第一道菜，走來走去，看來看去，這道菜想吃，那道菜也想吃，端過來端過去卻猶豫不決，胃口有限，飯錢也有限，最後挑了幾樣菜就走。也有些人餐盤一端，一個箭步，跑到魚類前面，肉類連看一眼都不會，只要有魚吃就好了。接下來只是選擇哪一種作法的魚：炒魚、煎魚、炸魚、蒸魚，會毫不猶豫地選了

02 我依照興趣和能力的高低，區分為四個象限。「尋得天命」就是找到興趣高、能力高的生命位置、「拚了老命」就是興趣高、能力低、「浪費天命」就是興趣低、能力高、「自願歹命」興趣低、能力也低。欲深入了解請參閱《Coach 領導學》（全新增訂版），第三章，大寫出版。

魚就走。

　　很清楚知道自己喜歡吃魚不吃肉的人，就是「分化完成」。不清楚自己到底喜歡吃什麼菜的人，就是「未分化」完成的。換言之，在求學過程中，很清楚知道自己將來想要念的科系、或從事的工作和職業，就是「分化」完成。尚不清楚未來想念的科系或發展方向，就是「未分化完成」。

　　未分化完成的人，需要時間充分探索，不要畫地自限。如果不知道喜歡吃哪道菜，就輪流分批把自助餐的每一道菜都吃過，在嘗遍所有的菜色後，再來區分對哪些菜色有偏好。這是非常重要的過程，如果只看菜色而不親嘗滋味，永遠都只是想像，不能落實。

　　回頭看看我們的教育制度，我們的孩子由國中升高中，就已經「**被分數強迫分化**」。也就是成績好的學生讀高中，成績差一點的讀高職。因分數而分流，非因興趣或性向分流，難怪有些學生上了大學後，對學習失去熱忱與興趣。

　　每一年我都會問學生，為什麼你要來讀大學？為什麼你要讀現在的科系？調查結果，一個班級有99％以上的學生，都不喜歡目前就讀的科系。進一步詢問學生來念大學的原因，通常有三個，你猜會是什麼？一是因為分數達到這裡就來唸了，二是應父母親的要求而來念的，三是同學或死黨好友來念，就跟著來讀了。接著我問：「你能享受現在的學習生活嗎？」答案可想而知吧。

　　很清楚知道自己是為了興趣或科系的選擇，而能享受在學習生活的學生，一個班級算來屈指可數，都不會超過五根手指頭，有三位就偷笑了。這是目前普遍存在的狀況，難道你不擔憂嗎？孩子在目前的教育體制下，到底獲得了什麼？父母親只要孩子上大學就好了嗎？

（五）朝向社會化程度日益加深的時期

　　「社會化」（socialization）是一個不間斷的社會互動過程，使人們能夠發展認同、信仰與技能，以便能主動參與個體所在的社會。這是個人在社會生活中，最重要的經驗學習過程。

　　陸建國，鍾莉瑛（2006）指出[03]，社會化的最主要執行單位是家庭，家庭即代表著社會，對社會規範、文化與價值觀內化到個體上面。在早期兒童社會化過程中，家庭有著最大的影響力。

　　社會化也是個人為適應現在及未來的社會生活，在家庭、學校等社會環境中，經由教育活動或人際互動，個人認同（identify）並接受社會價值體系、社會規範、及行為模式，最後「內化」（internalize）至個人心裡，使之成為個人的價值觀與行為準則。

　　顧里（Cooley）的鏡中之我（looking-glass self）概念，認為個人

---

03 陸建國，鍾莉瑛（2006）。家庭對兒童社會化的影響。網路社會學通訊期刊，第54期。南華大學社會學研究所。

自我觀念的發展，是透過社會化的過程，兒童與其他人互動，意識到別人對他的態度，形成他的自我意像。兒童社會化主要在塑造個人的基本價值，孩子們被動接受、及評價社會化所傳遞的規範，並且在沒有選擇餘地下，完全順服於父母權威性的教導。

青春期的孩子們，是朝向建構自我概念、自我意象、自尊等自我知覺的歷程。在與他人的互動中，逐漸朝向社會所建構的文化價值體系，予以接受或認同，或者排斥與抗拒。

提前社會化的孩子，稱為「早熟」，社會化慢的孩子，稱為「晚熟」。早熟的孩子，大人會擔心孩子學壞，慢熟的孩子又擔心長不大。父母似乎很難掌握孩子社會化的歷程，因為社會化的學習，除了家庭及學校外，資訊媒體早就滲透到每個家庭，而影響孩子的社會化。

你清楚青春期的孩子在發展什麼嗎？

不少父母擔心孩子學壞或過於早熟，看到孩子表現出不成熟的行為，就火大起來了。什麼是成熟的行為？成熟的定義和標準是什麼？我們看孩子不成熟的行為，是否來自成人的眼光和標準呢？然而，每位成人或父母的標準，可能有很大的差異，誰的標準才適切？

發展心理學有幾個基本的概念：

（1）先天（遺傳、基因、成熟）與後天（環境、學習）是相互影響的。人性某些部份來自先天的，某些部份來自後天。

（2）發展過程有共同階段。如每個人都會經歷嬰幼兒期、兒童期、青春期、壯年期、中年期、老年期等發展階段。

（3）發展模式下有個別差異。受到先天與後天等因素的影響，每個人的發展速率不同，有些人發展速率快，有些發展速率慢，不能只看「實足年齡」，尚須考慮「發展年齡」，也就是「早熟或晚熟」的概念。

發展過程中有個重要的概念是關鍵期（critical period）。「所謂關鍵期，係指在個體成長中的某一段時期，其成熟程度恰好適合某種行為的發展；如失卻發展或學習機會，以後該種行為即不易建立，甚至是一生無法彌補的。」[04]

心理學對發展成熟的概念是：在某個年齡層階段，發展或表現出符合該年齡層的行為就是成熟。依此概念而言，青春期的孩子情緒不穩定、想法不夠圓熟、處事不夠周延、個性會叛逆等等，是成熟還是不成熟呢？答案你會知道。

發展成熟又分為「生理」成熟和「心理」成熟。出生後是生理發展在先，心理發展在後。青春期後生理逐漸成熟，心理發展成熟隨之而來。發展早期受生理層面影響較大，後期受心理層面影響較大。

04　張春興（2004）。現代心理學。頁351，東華書局。

　　我們很容易從男、女生的第一性徵，及第二性徵的發展，來判斷其生理成熟度。研究顯示，早熟與晚熟對不同性別的孩子也有不同的影響。對男孩而言，早熟多與正向自我評價相關，晚熟通常與負面自我評價相關。對早熟的青少女而言，未必是正向經驗，反而因為和同儕不同，衝擊到她們的自尊。晚熟亦會因為生理未成熟，而損失了不少社交地位。

　　青春期階段的孩子，有內在對外貌的肯定需求。外貌涉及身體與自我意象。身體吸引力與身體意象，與青少年的正向自我評估、聲望以及同儕接受度等有高度的關連性。有吸引力的青少年，會表現出較高的自尊、較健康的人格特質、較好的社會適應，以及具備較多樣的人際技巧。

　　除此之外，尚有其他層面的發展，你不一定要成為心理學的專家，再來學習如何教養孩子。如果你具備一些簡單的理論概念，將使你對孩子有更深入的認識。以下我略為敘述心理學理論觀點，這些觀點不難，稍加用心與體會，你會明白的。

人格發展的基本常識

　　佛洛依德認為，人格發展是連續的階段，每一階段都有主要的慾力滿足點，及特殊的發展任務。人格特質幾乎在六歲時就建立好了。一個人在每一階段的適應情形是發展的關鍵因素。滿足每個階段的需求，才能完成這個階段的發展，否則將會固著在此階段。例

如：孩子的發展會面臨社會化、興趣轉向、及人際關係影響，發展
關鍵是父母能否幫助孩子成功調適並進入到下一階段。

佛洛依德並將人格發展分為五個階段（見表2）[05]：

表2：佛洛依德人格發展五階段一覽表

發展階段	年齡	發展內容
口腔期（oral）	出生到2歲	發展信任對不信任
肛門期（anal）	2到3歲	發展自主對羞恥與懷疑
性器期（phallic）	3至6歲	發展自動自發對罪惡感
潛伏期（latency）	6至11歲	發展勤奮對自卑
兩性期（genital）	青少年期	發展自我認同對角色混淆

艾瑞克遜（Erik H. Erikson）則認為[06]，人格發展是一生的持續過
程，每一個階段發展的結果有正向也有負向的。個體的「心理社會
發展」（psychosocial development），是以自我為基礎的；自我是後天
學習的。他提出「人類發展模式」（Epigenetic Model），此模式的兩
個基本假設：

（1）人格及其發展受到先天決定的規則與廣泛的社會之交互作
用影響。

05　Charles L. Thompson, Linda B. Rudolph & Donna Henderson 著，王亦玲、蔡
　　曉雯、陳昭伶、柳心琦、蘇倫慧、危芷芬譯（2008）。兒童諮商。頁3-10～
　　3-11，禾楓書局。
06　Erik H. Erikson., Joan M. Frikson., Helen O. Kivnick 著，周怜利譯（2000）。
　　Erikson老年研究報告。張老師文化。

（2）每一項發展與全部的人格和一生都有關聯，發展後期仍會受到前期的影響。

艾瑞克遜心理社會發展模式共有八個階段，每一個階段都有危機，危機的出現有特定的時間，每一個階段的危機，都是一種新的技巧或態度的學習，危機不是一場災難，在每一個轉折點，都能降低脆弱性和提高潛力。當個人成功的解決危機，將能健康的發展。人的發展不是單純地表現情緒過程或心理過程，而是將個人內心生活與社會任務加以結合，以人與人之間的關係表現出來。

他對每一個發展階段的需求、發展順利與否，有一些說明，以下僅列至青春期（見表3）。

認知發展

皮亞傑（Jean Piaget）是研究智能與認知發展的重要先驅者。他認為[07]，智能發展的內在動力是「失衡」（disequilibrium），因失衡而自求恢復再平衡的心理狀態，因而產生了「適應」（adaptation）；適應時需要發揮個體的適應能力，因而促動其智能繼續發展。

他將認知發展分為四個階段（見表4）。

07　張春興（2004）。現代心理學。頁362-365，東華書局。

表3：心理社會發展模式階段一覽表（僅列至青春期）

年齡	發展任務	發展順利	發展障礙
0～1歲	發展社會支持，生理與情緒的需求。	對人產生信任，有安全感和希望。建立樂觀希望的持久信任。	面對新環境時會焦慮不安，因不信任而產生退縮，未來依賴個性的開端。
1～3歲	學習建立獨立性，探索與嘗試錯誤。	能按社會要求，表現有目的及達成目標的行為。	產生不知羞愧的任性和自我懷疑。缺乏信心，行動畏首畏尾或衝動。
3～6歲	發展自我照顧的形成，學做決定，選擇有意義的活動。	主動好奇，行動有方向，開始建立責任感。勇於想像及追求有價值目標的勇氣。	畏懼退縮，缺少自我價值感、過度羞愧的冷酷無情和自我抑制。
6～12歲	學會與文化有關的技藝，發展性別角色與自我認同。	自在運用聰明才智的能力，具有求學、做事、待人的基本能力。	缺乏生活基本能力，形成狹窄的記憶，因自卑充滿失敗感，產生惡性惰性。
12歲～青春期	發展界定自我，生活目標與意義的澄清。	意識型態的確認與同伴的認同。發展忠誠能力，維持自由選擇的價值體系。	角色或身分認同的混淆，產生自我否認和適應不良的盲從。

表4：認知發展階段一覽表

階　段	年　齡	認 知 發 展 特 徵
感覺運動期 sensorimotor stage	0~2歲	■ 幼兒有了物體恆存性（object permanence）的概念。 ■ 初生嬰兒只能靠感覺與動作（口嚐、手抓等）去認識周圍的世界，經由感覺與動作，嬰兒認識到自己與別人（特別是母親）、自己與物體是分別存在的。
前運思期 preoperational stage	2~7歲	■ 兒童有自我中心主義（egocentrism）現象。 ■ 開始用語言及符號去吸收知識，也可運用簡單符號從事思考活動（如用畫圖表示意境），惟在表現上總是從他自己的觀點看世界。
具體運思期 concrete operational stage	7~11歲	■ 個體能按具體事例，從事推理思考。 ■ 具有保留（conservation）概念，意指概念的保留，物體的形狀雖有所改變，而對該物體所形成的質與量的概念，仍然保留未變。
形式運思期 formal operational stage	11歲以上	■ 個體能運用抽象的、合於形式邏輯（演繹的或歸納）的推理方式去思考解決問題。 ■ 此一時期正值兒童期行將結束，青春期即將開始之際，生理上接近成熟，認知能力的發展，也接近於成熟的程度。

道德發展

人的道德發展，會經過：

無律（non-nomous stage）、

他律（heteronomous stage）、

自律（autonomous stage）三個階段。

無律，是指心中尚無是非對錯的價值判斷；他律，是需要靠外在的規定（家規、校規等）、法律（國法）等，來約束自己的行為；自律，則指不盲從權威或道德規範，而是依從自己內在的良知或動機來自我約束。

柯爾柏格（Lawrence Kohlberg）主張[08]，道德發展的三個時期六個階段，我將它整理成一個對照表（見表5）。

08　張春興（2004）。現代心理學。頁370-372，東華書局。

表5：柯爾柏格道德發展對照表

時　期	階　段	特　徵
道德成規前期 pre-conventional level 學前幼兒園 至小學中低年級	第一階段： 避罰服從取向 punishment and obedience orientation	兒童尚缺是非觀念，因恐懼懲罰而服從規範
	第二階段： 相對功利取向 instrumental relativist orientation	行為好壞在其結果，為求在行為之後得到獎勵，因而遵守規範。
道德循規期 conventional level 小學高年級開始	第三階段： 尋求認可取向 good-boy-nice-girl orientation	「好孩子」標準是成人定的，為尋求行為上的認可，而遵守符合「好孩子」標準的規範。
	第四階段： 順從權威取向 law and order orientation	服從團體規範，尊重法律權威，判斷是非時，初具法制觀念。
道德自律期 post-conventional level 大約自青年末期 接近人格成熟時開始	第五階段： 法制觀念取向 social contract legalistic orientation	尊重法制，相信法律是為了大眾公益而制定的，所以大家應該遵守。
	第六階段： 價值觀念取向 universal ethical principle orientation	相信道德法則的普遍價值，認識人性的尊嚴，憑自己的良知去做是非判斷。

教練式父母做法

青春期是發展的關鍵時刻
是培養挫折容忍力的好時機

1. 將青春期視為發展孩子潛力的關鍵階段，而非離經叛道的叛逆期

　　面對與接受青春期孩子的不穩定與變動性。不要光看孩子外在的行為表現，更要看到不同行為背後的涵義。孩子並非故意與父母作對，有時是想測試父母有多了解他、有多願意接納他、有多麼愛他。這是孩子可愛的地方，只要你心念一轉，你會發現接受孩子的現況並不是一件困難的事情。同時這個階段的孩子可塑性強，要善用此一關鍵時期。

2. 讓孩子在嘗試錯誤中學習，培養挫折容忍力及未來面對環境的適應能力

　　我的老大在小學中年級一次考試後，帶著沮喪的神情回家，她說這次考試考不好。我問她：「考得有多差呀？」她說：「只考70多分。我從來沒有考過這麼差。」看她的心情那麼難過，我臨機一動和她玩起遊戲，我指著天花板下的樑柱，請她跳起來看能不能摸得到（她當然摸不到），她有氣無力的比個姿勢作勢要摸，我請她

再跳高一點，她有點不情願地，蹲低一點再跳，比前一次高。

　　我邀她比賽，看誰跳得比較高，這回她不服輸，再蹲低一些，然後使勁往上跳，又比前次高。我們來回玩了幾次，她的心情也隨著跳的高度增加而漸趨好轉。之後我們有一段對話：

　　　　我問：「你是怎麼愈跳愈高的？」

　　　　她說：「一次比一次用力，就愈跳愈高啊。」

　　　　我說：「除了用力外，還要做什麼？」

　　　　她默不作聲，露出疑惑的眼光看著我說：「還有嗎？」

　　　　我說：「有沒有注意到，每一次用力跳之前，你的雙腳會往下蹲，你蹲得愈低，就跳得愈高。」

　　　　她疑惑著說：「是嗎？」

　　　　我說：「再試試看，愈蹲愈低，是不是就愈跳愈高。」

　　　　她跳了幾次後說：「對ㄟ，真的ㄟ。」臉龐露出一些笑容。

　　　　我說：「就把這次考不好當作往下蹲，現在開始為下一次跳得更高做準備好嗎？」

　　　　她點點頭回應。

　　我常拿我自己大學重考三年的經驗，與孩子們分享我的心路歷程。不少周遭的親朋好友，對我重考三年都覺得不可思議，問我怎

麼有勇氣和毅力辦到的？我說我將古諺：「屢戰屢敗」[09] 這句話，改成
「屢敗屢戰」，就算遇到挫折，我也不放棄，繼續努力，非考上不
可。我在挫折中培養堅忍的性格。讓孩子經歷挫折的考驗，猶如室
外的野花野草，經過風吹雨打日曬後，更顯堅韌與豔麗。

3. 逐漸鬆手讓孩子學習獨當一面，直到孩子建立能力後完全放手

　　隨著孩子逐漸長大，你也要學習逐漸放手，放手讓孩子有成長
的空間，你不放手，等於限縮孩子的成長契機。放手讓孩子有機會
學習獨立自主，你不放手，孩子會變得更依賴而長不大。父母放手
前要先放心，不放心一定有某些擔心或憂慮。

　　好比完工的建築物要拆除鷹架一樣，鷹架只有在施工過程中，
作為主建物往高樓層蓋的輔助設備，建物完成後鷹架必定拆除，否
則你不會看到華麗的外觀。你的孩子成長後，你就像鷹架一樣要準
備撤場。[10]

　　有句話說：「擔心是憂慮到期前所付出的一筆利息。」18世紀
德國著名詩人與啟蒙文學代表人物之一席勒（Johann Christoph Fried-
rich von Schiller）也曾云：「憂慮像一把搖椅，它可以使你有事做，

---

09 語出《晉書・桓溫傳》：「殷浩至洛陽修復園陵，經涉數年，屢戰屢敗，器械
　　都盡。」
10 有關鷹架理論發展觀點請參閱《Coach領導學》（全新增訂版），第八章。

但卻不能使你進前一步。」所以，學習對孩子放心與放手是父母的功課。

與你分享一則張哲嘉真實的小故事：[11]

我與一位美國籍的出家師父相約茶館，用英文談論心經。師父聽完我的煩惱，要我一邊提起剛買的三罐番茄汁，一邊跟他說話。隨著時間的流逝，我受不了疼痛，放下了手。師父卻說：「拿住，繼續跟我說話，」又過了 15 分鐘，我實在承受不住了，師父說：「現在你可以放下來了。」看著我狐疑的臉，師父笑了出來。

「你不喜歡提著重物跟我說話，卻為何喜歡帶著煩惱來跟我說話呢？手酸了，放下就好，對待煩惱，不也是如此？煩惱就像這些蕃茄汁，是你自己用手舉起來的。」最近我開始練習，一手舉起有重量的東西，一邊想事情。手酸了，自然會放下。有一天我也學到，心累了，就把心事放下來。

4. 提供環境讓孩子有機會探索興趣，發展能力，完成分化

積極樂觀的人，能將每個挑戰當作探索與成長的機會。父母提

---

11 張哲嘉（2006）。放下。講義雜誌，八月號，頁22。

供機會給孩子，提供環境不一定是提供金錢與物質，而是提供體驗、操作、探險等機會。有「頑童」之稱的當代作家張大春甚至說：「父親不期待我做什麼，我就有機會更清楚地找到自己愛做什麼。」他能藉由自己的探索找到人生的方向與目標。

揚名國際的法藍瓷總裁陳立恆是我景仰的企業家，他以自己的德文名字「FRANZ」做為精品瓷器品牌，在美國成立Franz Collection Inc，進軍國際。更花費了20年的時間，就為了創建一個品牌。他鼓勵：「年輕人要親身摸索，才能得到與生受用的人生智慧。」

羅賓森和亞若尼卡（Ken Robinson & Lou Aronica）認為[12]，天命就是天生資質與個人熱情結合之處。天命的兩大成分是「天資」與「熱情」，兩個先決條件是「態度」與「機會」。天資指的是你在某方面與生俱來的天分，讓你靠直覺就能感受或理解某個學問的本質、其中的道理，以及它的用途。已經歸屬於天命的人都認為，工作就是深刻喜悅的來源，這是熱情。態度指的是你如何看待自己與環境—觀察事物的角度、你的性情，以及情緒性的觀點。若缺乏適當機會，你可能永遠也不知道自己天資何在。實際的做法就是積極尋求機會，多方探索自己的天賦。

唯有在探索中發展出能力，找到真正的興趣與熱忱，同時完成分化。

12　Ken Robinson & Lou Aronica 著，謝凱蒂譯（2009）。讓天賦自由，頁52-56。天下文化。

5. 除學校課業外，培養廣泛閱讀能力，多元化的活動參與

　　有學生問我如何培養創意（思考）？我認為創意絕非無中生有，培養創意有兩個最佳途徑：一是培養廣泛閱讀的習慣，二是旅遊接近大自然。

　　高中以前的學生學習基本知識，大學之後則是培養高深學問。學校是正式學習的管道，但學習若只限於學校教育是不夠的，也可能窄化學習之路。除學校外，非正式的學習管道是多元的，更是終身學習之路。

　　專業知識與能力是深度，跨領域的知識與能力是廣度；專業知識造就專才，跨領域學習造就通才。想像看，只有深度而無廣度會如何？反之，有廣度卻無深度又會如何？如果兼具深度與廣度，則學習與未來的生涯之路將會寬闊無比。有人些先建構專業深度，再求跨領域廣度；有些人先有跨領域廣度，再求專業深度。

　　清代錢泳《履園叢話》中說：「讀萬卷書，行萬里路，二者不可偏廢。」行萬里路，能增廣見聞，開拓視野。與大自然接近，會發現大自然永遠有比教育更偉大的啟示與力量。可惜，為了升學，教育已讓學生成為考試的機器，除了考試還是考試，父母與孩子似乎只有把上高中、考大學，視為重要且是唯一的出路，能讓孩子行萬里路的有幾稀？

　　我們的孩子太缺乏藉著旅遊見見世面，這裡指的是單獨或幾個

青少年，一起規劃旅遊、安排行程，造訪大自然或到鄉村。旅遊對孩子是有益的，創造機會給孩子，你會發現他們的能力遠比你想像中的好。「協助台灣青年辦理國際青年證的康文文教基金會，2012年9月發表的一份網路問卷顯示，在25個打工度假理由中，『賺錢』排名倒數第二。該基金會針對近三年內曾赴他國打工度假至少半年以上者進行調查，受訪的226位青年選擇的理由，主要是開闊視野、培養語言和獨立能力、滿足對新事物的好奇。」[13]

像歐洲，傳統上，「空檔年」就是年輕人「轉大人」的階段，他們絕大多數是藉由出國壯遊（Grand Tour）來完成這項成年禮。壯遊，指的是胸懷壯志的遊歷，包括三個特質：旅遊時間「長」、行程挑戰性「高」、與人文社會互動「深」，特別是經過規畫，以高度意志徹底執行。壯遊不是流浪，它懷抱壯志，具有積極的教育意義。它與探險也不太相同，壯遊者不侷限於深入自然，更深入民間，用自己的筋骨去體驗世界之大。[14]

13 陳建瑋，滕淑芬（2013）。打工度假瘋青年逐夢中！頁34，台灣光華雜誌。
14 陳雅玲（2007）。放大你的格局，人一輩子要有一次壯遊。商業周刊，第1004期。

教練式父母──提問與反思

你對青春期孩子的五項特徵了解多少？

- 如果給你一副新的眼鏡，你如何重新看待青春期的孩子？
- 如果你曾錯待自己的孩子，現在可以做些什麼來彌補？
- 你要提供什麼探索的情境與機會給孩子呢？你可以做什麼？
- 如果你要放手，第一步可以做什麼？
- 反思你目前所提供的環境與機會，會造就出什麼樣的孩子？
- 提供孩子一次旅（壯）遊的機會，你能給什麼協助和支持？看他怎麼做，等他回來後與他一起分享他的收穫。

Part 2

跟孩子應該
怎麼說？

教練式父母的
15大實用親子互動技術

第 5 章

鼓勵表達的藝術──
成為孩子的情緒教練

教練式父母做法：
傾聽孩子心聲，了解與接納
他們的內在感受。

　　每次在前往台灣各地的國家公園前，我習慣性地會在旅遊中心聽簡報及導覽解說，對整個國家公園有個概略了解，再決定參觀國家公園的路線，以便打開我的眼睛，開啟我的耳朵，開放我的感官，同時將心靈全然放空，準備享受沿途的風光，領受造物主奇妙的創造與設計。

　　當你閱讀前段內文後，我假設你對青春期的孩子，有一定程度的了解，就像我進入國家公園前的簡報一樣。接下來我們就要面對各種不同的親子情境深入探討，這些情境也許你似曾相似，它可能發生在你的周遭，或自己身上。也許你的孩子已長大成人，提供你回首與省思。也許你正處於親子之間的衝突風暴中，正感到無奈或不知所措。也可能你的孩子還小，正好可以為未來預做準備，心情雀躍也說不定。

　　在進入公園探險之前，我邀請你與我一同朗讀美軍二戰名將麥克阿瑟的〈將軍為了祈禱文〉（A Father's Prayer）。我深切期盼你用心體會字裡行間的內涵，當你進入森林後，若看見與你目前處境雷同或相似，而心情盪下來時，回到祈禱文來，平復一下自己的心情。你是個盡心盡力的好爸爸（媽媽），別力求凡事完美，不完美也是一種美。

　　主啊！懇求你教導我的兒子，使他在軟弱時，能夠堅強不屈；在懼怕時能夠勇敢自持，在誠實的失敗中，毫不氣

餒；在光明的勝利中，仍能保持謙遜溫和。

主啊！懇求你教導我的兒子，篤實力行而不空想；引領他認識你，同時讓他知道，認識自己，才是一切知識的基石。

主啊！我祈求你，不要使他走上安逸、舒適之途，求你將他置於困難、艱難和挑戰的磨練中，求你引領他，使他學習在風暴中挺身站立，並學會憐恤那些在重壓之下失敗跌倒的人。

主啊！求你塑造我的兒子，求你讓他有一顆純潔的心，並有遠大的目標；使他在能指揮別人之前，先懂得駕馭自己；當邁入未來之際，永不忘記過去的教訓。

主啊！在他有了這些美德之後，我還要祈求你賜給他充分的幽默感，以免他過於嚴肅，還苛求自己。求你賜給他謙卑的心，使他永遠記得，真正的偉大是單純，真正的智慧是坦率，真正的力量是溫和。

然後作為父親的我，才敢輕輕的說：「我這一生總算沒有白白活著」，阿們！

當孩子與「哭泣及表達」失聯

我在大學教書已超過二十個年頭了，學生的學習態度，較諸二十餘年前有許多的轉變：過去的學生上課表現積極，現在的學生

較為消極；以前的學生上課大多很專心，目前的學生上課玩手機或常常心不在焉；過去的學生準時上課等候老師，現在的學生姍姍來遲，愛來不來的；以往的學生學習有目標，現在的學生大多對前途感到茫然。

唯一的共同點是：課堂上問學生問題或要學生發表意見時，通常是鴉雀無聲。

為什麼呢？能怪學生嗎？家長們有沒有注意到，學生從小學開始到大學，多數時候上課是被要求乖乖坐好，不可以說話，安靜聽講，否則老師進度趕不完（國、高中更是如此）。學生接受教育的過程已被要求成為「聽話的乖乖牌」。

另外，我們的文化並不鼓勵孩子們表達意見。孩子們只要多說幾句話，大人們會怎麼說，怎麼回應呢？我們不是常聽到：「多說多錯，少說少錯，不說不錯」、「你不說話，別人不會把你當啞巴」、「囝仔人有耳無嘴」、「卡恬ㄟ卡無蚊」（台語俗諺：意指多說話會擾人清夢）、「沉默是金」這類的話嗎？這些信念不斷在灌輸我們最好「少開尊口」。孩子只能聽命行事，變得不會表達自己的想法與感受。

表達意見（認知層面）都不被鼓勵，更何況表達內在感受（情緒層面）呢？看看我們教養「男」生和「女」生有沒有性別差異。想想當小男孩和小女孩，玩得很高興，跑來跑去，衝來衝去，不小心跌倒了或擦傷或撞到，帶著哭喪的臉來向父母哭訴，父母處理的

方式有無不同呢？

　　大多數的父母，面對小男孩來哭訴，總會說：「不准哭，再哭就像女生」、「要勇敢，自己站起來」、「活該，叫你不要跑偏要跑」、「男兒眼淚不輕彈」、「打破牙齒和血吞」等等。換成小女孩哭訴，是否又不一樣呢？是不是說：「乖乖，沒關係，下次小心一點」、「媽媽『惜惜ㄟ』」（台語：安慰之意）、「不哭不哭，媽媽抱一下！」、「來，把眼淚擦乾」。

　　父母下意識地將「性別角色」隱含在對待子女身上，無意間在口語及態度上，表達出不同的對待方式。

　　對男生嚴格要求，要有肩膀（擔當），要能忍耐，因為將來要承擔重責大任，不可以軟弱，哭就像女生。這樣的做法，無形中要求男生學會「壓抑」情緒；反之，則容許女生可以表達情感及發洩情緒。

　　從家庭到學校教育都存在性別差異的對待，在維護男性尊嚴及面子下，無怪乎男生愈來愈理性思維，不太會面對及處理自己的情緒。女性則容易表達自己的感受，有時控制不住就容易情緒化。易言之，男生多以理性面對事物，女生則是感性跑在理性前面。

　　當遇到挫折時，男性習慣壓抑情緒，你是否看到男性不生氣則已，一生氣便像火山爆發，怒不可抑，一發不可收拾。在這種狀況下，通常藉由抽菸、喝酒、暴力等行為來宣洩情緒。

　　你一定聽過「藉酒澆愁，愁更愁」，為何愁更愁呢？「藉」表示

藉由某種方式來做些什麼事;「酒」表示喝酒的行為;「澆」表示用來處理些什麼;「愁」是負面的情緒;「愁更愁」表示負面情緒愈來愈糟糕。整段話的意思是:「若欲藉由喝酒的行為來處理負面的情緒,非但沒用,反而讓情緒愈變愈負面。」這種以「不適當行為」的方式來處理「負面情緒」問題有用嗎?難怪情緒愈來愈不好,當情緒累積到了某種程度,受不了便爆發出來了。

女性遇到挫折時便放聲大哭,有時不免失去理性,還好女性在心情不好時,會找三五好友聚聚、聊聊,哭訴心情,哭後就好了。下次遇見同樣的情況,再找人哭訴一下,宣洩情緒後便又好了。想想古時形容親密好友叫什麼來著?「手帕交」,手帕拿來做什麼?對啦,擦眼淚用的。

你有吹過氣球的經驗嗎?氣球吹一下,鼓一下,再吹一下,鼓得更大,繼續再吹,愈來愈大,又繼續吹,直到撐不了爆開了。或者遇到一點小事情,卻宛如一根針,刺在氣球上,一下子就破了。即便沒破,撐在哪兒,久而久之就彈性疲乏,男性是否經常如此呢?女性則相反,氣球一吹,好比情緒來了,找姊妹淘哭訴一下,氣就消了,下次再吹脹,又再找人聊聊,情緒又消了,氣球是不是變得很有彈性。

「課業」仍是青少年情緒主要困擾

　　不少父母抱怨地對我說，只要他們對孩子講幾句話，孩子就顯得不耐煩，口氣很不好地對父母頂嘴，要不，就是大聲怒吼之後轉身離去，他們想不透為何孩子的情緒這麼衝，真不知道該怎麼辦？有些父母受到孩子情緒化的行為刺激，也忍不住地火大了起來，高聲斥責其子女。有些情緒失控的父母，卻要求還在成長階段的子女，要有成熟的情緒表現，卻忘了自己失控在先。如果成人都無法控制自己的情緒，怎能要求其子女情緒穩定，這豈不是矛盾嗎？其結果可想而知—就是親子之間的衝突。

　　根據家扶基金會的調查指出[01]：課業仍是「大孩子」（高中、職學生）的主要情緒困擾來源，覺得課業壓力嚴重的青少年約兩成，比人際壓力、愛情壓力、家庭壓力高三倍以上。約五成高中生認為成績差，會被師長、同儕歧視，其中有自我期許的青少年，情緒困擾比率是無自我期許者的1.4倍，顯示「菁英學生」可能更需要被關注。

　　該調查同時指出，每三位青少年就有一位有情緒困擾問題，其中一成四需要專業人士介入。而近一周內曾有自殺念頭的青少年竟

01　101年11月9日《大孩子健康權大調查報告》。該調查以分層隨機抽樣方式，抽取15~18歲有效樣本1850名青少年，95%信心水準。http://www.ccf.org.tw/?action=news1&class_id=4&did=55

達一成五，其中近六成建議接受精神專業諮詢。而在一周內曾想自殺的高中職學生中，基測 PR 值 97 上的竟高居首位，占近三成，隨著分數下降，有自殺想法比率也較低。

　　根據這份調查結果顯示，表面上看起來成績優異的孩子，可能潛藏著情緒困擾的隱憂，若是課業壓力太大，有可能導致情緒火山爆發，父母不能不小心注意此種現象。曾有一位上我社區課程的家長，在休息時間來找我，她告訴我一件真實的案例，有位就讀第一志願的高中女生，父親是大學教授，對孩子的期望很高，可惜聯考時沒有考上第一志願，放榜後回家途中，在火車上想不開就跳軌自殺，這麼優秀的孩子，因一時的挫折尋短見，令人感嘆！

教練式父母觀念

青少年的情緒功課

　　如果你了解孩子情緒不穩的原因，就不會受到他們的影響。就能面對與善待孩子們的情緒反應。從「發展心理學」的觀點而言，人從出生到死亡的一生中，有兩個階段是身心發展變動最劇烈的時候。

　　猜猜看：是哪兩個階段呢？你一定能猜中其中一個，就是「青春期」。另一個呢？就是「更年期」。

　　想想孩子在青春期的年齡，是否大約是父母親接近更年期階段。這兩個階段若用颱風來比喻，在屋簷下有一個小颱風加上一個大颱風，是否會發生「藤原效應」？[02]

　　每年夏天是颱風襲台最多的期間，中央氣象局每每在低氣壓形成颱風時，就密切注意其發展動態與行徑路線，在颱風接近陸地及近海時，會陸續發布海上及陸上颱風警報，提醒民眾要及早做好防颱準備。然而，有誰教導我們在孩子進入青春期，或父母親進入更年期時，要了解我們的身心變化狀態，和情緒變化與反應呢？如果我們都不知道，怎麼做好這兩個階段的防颱準備（處理情緒）呢？我們先來了解這兩個階段的心理與情緒狀態。

　　蔡秀玲和楊智馨指出[03]，青少年的情緒發展有以下的特徵：

　　（1）**不穩定性**：具有易衝動性和爆發性。情緒反應的激動及起伏程度較高，對情緒刺激敏感多疑。他們的情緒像平靜的海面，稍有風吹就上下起伏波濤洶湧。

　　（2）**過渡性質**：情緒具有從易感性邁向穩定性。青春期是孩子由兒童期邁向成人期的過渡階段。情緒狀態會從容易起伏擺盪的狀態，逐漸學會穩定控制。這是過渡階段，也是必經之路，只要跨越

---

02 引自孔繁輝，香港天文台。「藤原效應」源於日本藤原（Fujiwhara）博士於1921至23年一系列的渦旋實驗及觀測。他發現兩個距離很近的氣旋性渦旋會受到對方的影響，互相沿著兩者中心所形成的軸線心，呈氣旋性方向移動。兩個渦旋並有彼此接近及合併的趨勢。
03 蔡秀玲和楊智馨（1999）。情緒管理。揚智出版社。

過渡期，就漸趨風平浪靜，別太擔憂。

（3）**青少年的情緒反應是直接而感性的**：他們有任何的情緒感受，是很直接的。看看追星族的孩子們，看到崇拜的偶像，莫不尖聲嘶吼，大喊「我愛你」、「我喜歡你」，甚至還會從機場跟隨偶像到下塌的飯店，再到演出的地點，甚至徹夜守候，為的是一睹明星的風采。大人們可能覺得很無聊，但對他們而言是興奮不已的事情，再累也沒有關係。

（4）**兩極波動性**：自控力雖提高，但身體、心理發展仍在變動，故常有兩極化現象，有時過度安靜或不理人，有時卻又過度聒噪，到處找人聊天，講個不停。此種兩極現象，好像鐘擺在左右兩邊來回擺盪。

（5）**文飾性**：外部表情與內心體驗不一致。當孩子們遇到困境或難處時，有時心中產生疑惑或隱藏自己的情緒，會假裝什麼事都沒發生。也許不想讓父母親擔憂，也許因面子關係不敢講，也許好強想獨自面對與承擔。孩子表面上嘴巴說沒事，心中卻多所感觸，但不一定會讓父母知道。

總之，**在青春期階段的孩子，孩子不太會輕易表達內在真實的感受，更不易控制與管理自我的情緒。**父母親要有心理準備，並調適自己面對青春期的孩子，你的責任是協助孩子度過這個尷尬的階段。

為什麼青春期的孩子情緒會不穩定？

　　如果你了解腦部發展與運作機制及其功能，就能理解何以青少年時期孩子的情緒會不穩定。並非他們不願意自我克制或不經意的失控，乃因腦部功能尚未發展成熟。我們來了解大腦的運作機制與大腦的結構（見圖4）。

圖4：大腦結構圖

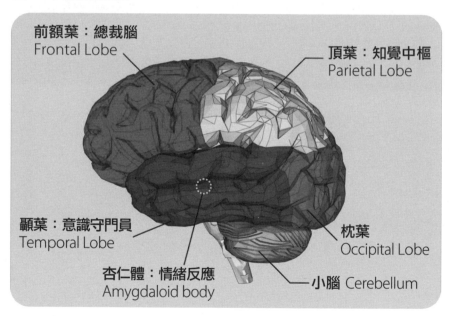

前額葉：總裁腦
Frontal Lobe

頂葉：知覺中樞
Parietal Lobe

顳葉：意識守門員
Temporal Lobe

杏仁體：情緒反應
Amygdaloid body

枕葉
Occipital Lobe

小腦 Cerebellum

　　「頂葉」（Parietal Lobe）職司人體冷、熱、觸、痛等知覺的中樞。頂葉後部負責邏輯和空間感。頂葉讓我們感受到自己的手臂和腿正在何處。頂葉約莫到12歲才發展成熟。換言之，在小學畢業進入國中時期，對邏輯概念及空間的感受才能掌握。

「**顳葉**」（Temporal Lobe）主掌識別聲音與幫助儲存記憶。與辨認事物型態的能力有關，也是意識的守門員。大約到16歲左右會發展成熟。也就是約到高中一年級時，才具備辨識事務的能力。

「**前額葉**」（Frontal Lobe）約在前額頭到頭顱頂中央位置，被稱為「**總裁腦**」，也就是認知總管，主掌邏輯、推理、預測、評估、同情、創新、想像、問題解決、運動等人類的專屬能力。大腦區分為理性腦（前額葉左側）及感性腦（前額葉右側）。理性腦的功能是循序、邏輯、解析的、順序的；同時控制語言「表達」能力。感性腦的功能是非線性、直覺、宏觀的；同時控制語言「理解」能力。悠關食慾、性慾等人性本能相關，掌管快樂、悲傷、憤怒等情感層面的活動。

大腦皮質的左右腦半球共同處理情緒。差別在於遇到「負面」情緒時，額葉的右半邊比較活耀；而左半腦在愉快的時刻比較活耀。換言之，右半腦促進負面情緒的出現，左半腦決定正面情緒的產生。互相矛盾的衝動不斷出現在腦內（額葉的兩側不斷在競爭），彼此較量。額葉的哪一側較佔優勢與生活現狀並無關聯，而是一種「性格特徵」[04]。

杏仁體（Amygdaloid body）則會激發對危險本能的恐懼感，如摔倒或被襲擊時。杏仁體對外界刺激容易做出情緒化反應。換言

---

04 Stefan Clein 著，陳素幸譯（2002）。不斷幸福論。頁76，大塊文化。

之，杏仁體引發情緒，前額葉控制情緒。另外**扣帶迴**（cingulate gy-rus）的功能可以修正行為及情緒。

何時前額葉才能發展成熟——情緒管理的關鍵

美國麥克萊恩（Mclean）醫院托德（Todd）博士研究指出[05]，**大約是20至25歲前額葉理性腦才會演化成熟。易言之，約到大學之後，才具備控制情緒的能力。**他的研究進一步發現：青少年由於額葉（理性腦）尚未發育成熟，所以杏仁體（感性腦）的主導性大，對外界的刺激容易做出情緒化反應。

成年後我們就擁有可以關閉負面情緒感受的開關，只要經過訓練，提高額葉左側（理性腦）的活動力，就可以有效管理情緒。失敗者會因腦部的杏仁體而持續產生負面情緒，進而產生遁逃之念。成功者因經過理性腦訓練（刺激與負面連結減弱，情緒的處理變得容易）的人，會產生積極的力量。

若你清楚腦部發展與運作的功能，你還需要與孩子硬碰硬嗎？**你要選擇繼續對孩子嘮嘮叨叨，讓自己的情緒和孩子的情緒混雜在一起呢？或是你要改變做法，接受並同理孩子的情緒，協助孩子面對正負面的情緒、處理情緒，並等待孩子控制情緒的腦部功能成熟呢？**

05　Daniel H. Pink 著，查修傑譯（2006）。未來在等待的人才。大塊文化。

　　若是你想要擁有情緒表達的能力，也讓孩子從你身上，學到成熟面對情緒的方法，就要先學會情緒管理。克萊恩（Stefan Clein）指出，學會情緒管理有以下的好處[06]：

　　（1）學著控制低落情緒並強化愉快體驗的人，等於在保養身體。

　　（2）美好的感受，可以抵制壓力和壓力對健康所造成的不良後果。幸福感能強化免疫系統。

　　（3）幸福的人比較親切，能為別人著想，而且比較樂意看見別人的優點。幸福是一種生活目標，是一條通往優質生活的道路。幸福就是活力。

　　若你提升情緒管理的能力，並協助孩子情緒發展達到成熟，對身心健康將有莫大的益處，親子之間的摩擦衝突也會降低，對整體的生活品質多所助益。

更年期的情緒發展特徵

　　李奇龍指出[07]，「更年期是指女性在50歲上下，生理與心理、腦、腎、骨髓、胸、腺、眼睛視力等方面，很明顯可見的衰退變化之外，尚包括手足腰背肩肘的快速酸痛、臉上斑（包括老人斑、黑

06　Stefan Clein 著，陳素幸譯（2002）。不斷幸福論，頁14。大塊文化。
07　李奇龍（2010）。更年期。長庚醫訊。

斑、肝斑)、贅肉、乳房的鬆垂、小腹肌肉的脂肪累積、臀部的沒有彈性等。更年期是女性一生中無可避免的過程,更年期前後婦女約有三成會有心理及情緒上的困擾,有些人會失眠、易怒煩躁、胸悶、沮喪、沒安全感;有些人會體力變差、擔心老化、害怕獨處、對未來悲觀等。」

蕭美君表示[08],臨床發現,年逾40歲的女性常出現憂鬱、焦慮或失眠等問題,仔細探究原因發現,隨著年齡增長,體力下滑,女性不但飽受家庭與工作壓力之苦,而且警覺體力開始走下坡。40至45歲,會開始面臨更年期的到來,女性會因月經不規則而感到害怕。原本就有經前症候群的女性,40歲後症狀變得更多,不但會出現類似更年期的熱潮紅,原先經前症候群的偏頭痛等不適症狀依然存在。

陳景彥指出[09],「男性更年期」(andropause,andro 在希臘文中意指「男性」,pause 表示「停止」)通常從40到55歲之間開始,有些人可能在30歲就發生,也有人會到了60多歲才有症狀。表示男性在某些方面的結束,以及另外一個新的生命過程的開始,有些人稱之為「中年青春期」(midlife adolescence)。

男性更年期常見的症狀:情緒不穩定、沮喪或憂鬱、熱潮紅、心悸、及盜汗(尤其是夜間)、性慾降低、性功能障礙(勃起困難或是早洩)、缺乏活力、易倦怠、失眠、記憶力及注意力不佳、體

08　蕭美君(2010)。憂鬱、焦慮、失眠 40熟女三大隱憂。長春月刊雜誌。
09　陳景彥(2005)。是老化,也是一個新的開始」(1)淺談男性更年期。

重增加、上半身脂肪增加、啤酒肚、肌肉鬆弛、肌張力降低。睡眠與情緒障礙經常是男性更年期主要的精神併發症。

　　從前述的說明與資料，你可以更進一步了解，青春期的子女在這個階段，因腦部功能尚未發育成熟，導致情緒不易控制。父母親，則在更年期都會出現情緒不穩定的狀況，嚴重的話會有情緒障礙的問題。這是人生發展中兩個身心變動最劇烈的時期，這期間父母與子女間的情緒，也容易互相牽連與影響，這就是親子間情緒的「藤原效應」。接下來我讓你知道預防「情緒颱風」的作法。

教練式父母做法

傾聽孩子心聲，
了解與接納他們的內在感受

　　有「法蘭西思想之父」稱譽的伏爾泰說：「人生是一簇叢林，裡面長滿了刺，唯一減去苦痛的方法，就是快些穿越過去，遇到苦難時，停留得愈久，受到的痛苦愈深。」

　　國、高中的孩子，面臨青春期就猶如必須穿越森林的勇士，然而面對不可知的青春叢林，有時可能迷路，有時可能退卻、有時必須前進、有時更要果敢跨越困境，有時候必須等待。父母親唯一能

做的事，不是站在孩子的對立面和他互相拉扯，而是站在他身旁在相同的視角下，陪伴孩子面對挑戰，成為孩子的後盾，鼓勵孩子冒險面對自己的成長過程，我們無法逃避，只有選擇面對，因為這些都必親身經歷的。

「聽」這個字是由「一個耳朵、十隻眼睛、加上一顆心」組成。傾聽固然重要的，還需要細細觀察，同時加上一顆願意瞭解的心意和態度。席慕蓉在〈一棵開花的樹〉詩中，有一句話：「當你走近，請你細聽，那顫抖的葉是我等待的熱情」。孩子們總是樂於敞開自己迎接父母，但他們的表達常是細微的，父母若未留心傾聽，很可能因此錯失與孩子親近的機會。

克萊恩認為[10]：「想法可以造成腦部改變，真正能啟動這項改變的觸媒是情緒。透過練習，可以提升人的幸福能力。」哭是上天給人的美好珍珠與禮物。孩子會哭、能哭是符合心理健康的原則，成人也是一樣。歐洲醫學的一份研究報告指出，將眼淚拿去化驗，眼淚的成分是「乙醯膽鹼」（Acetylcholine，產生副交感神經系統效應的物質），就是壓力荷爾蒙，簡言之，哭就是「排毒」。

你可以應用下列的步驟，來教導青少年學會表達，及描述他們內在的情感（緒）：

---

10 Stefan Clein 著，陳素幸譯（2002）。不斷幸福論。頁11，大塊文化。

（1）協助孩子清楚且明白地確認自己的感覺。從情緒的向度（正向情緒或負向情緒）及表達的強烈程度（從強烈情緒到微弱情緒）。可以區分為正向強烈情緒（如興奮）、正向微弱情緒（如愉悅）、負向強烈情緒（如暴跳如雷）、負向微弱情緒（如不愉快）、及中性情緒（如心如止水、怡然自得）。學會區分這五個面向的情緒，就能清楚掌握情緒和感覺的狀態。

（2）試著讓孩子把所感覺到的任何情緒，透過文字「具體」地寫下來或用口語表達出來。例如：我很「生氣」、我覺得很「高興」、我感到很「無力」、我有「平靜」的感覺等。這是一種抒發情緒的方法之一。如果不易寫下或說出來，也可以畫出圖畫來，藉由圖畫來引導孩子接觸及面對自己的感受。也可利用孩子崇拜的偶像如果碰到這種狀況，會有什麼情緒，來做引導。

（3）指導孩子辨識並指出引起這種情緒感覺的起因是什麼。（無論是認知或行為或其他）。也就是從理性腦去找出情緒背後的原因。這個步驟要注意的是，父母必須先同理孩子的情緒，讓孩子情緒獲得舒緩後，再來進行才有效果。否則情緒堵在心裡，是難以進行的。因為左右腦會互為抑制，好像蹺蹺板一樣，一邊高，另一邊就低，重的一邊會下沉。左腦強，右腦就弱；感性腦強，理性腦就弱。

（4）承認並接受自己的感覺。情緒通常是很主觀的感受，事情或有對錯之分，但情緒無所謂對錯。內在的情緒會推動外在行為。

情緒會累積但也可以以安全的方式獲得紓解。在情緒當下難免會有微詞，但不要太在意，因為「微詞」常與事實有出入和差距，但對當事人而言是真實的。因此，父母先能接受與包容孩子的情緒，讓孩子學習承認並接受自己的感覺，有助於他們的情緒發展。

　　老天爺造人很有意思，只給我們一張嘴巴，卻讓我們擁有兩隻耳朵，意思是要我們「多聽，少說。」另有句話[11]：「要快快的聽，慢慢的說，慢慢的動怒。」孩子們需要父母傾聽他們的聲音，不只是要「聽得懂」他們的心情與感受，更要能「理解與接受」他們的情緒。一位讀者在我臉書社團「《Coach 領導學》&《晤談的力量》書友園地」，分享了一段她與孩子之間真實的互動情形，我覺得很有意思，我徵求她的同意後，將這則案例寫在本書中，用意是提醒為人父母，要耐住性子，先讓孩子把話說完，別急著打斷孩子，對孩子的話別太早下定論。

　　這是我兒子與我分享的一段小文：別太早下定論！
　　一位母親問她五歲的兒子：「如果媽媽和你出去玩，我們渴了，又沒帶水，而你的小書包裡恰巧有兩個蘋果，你會

11　雅各書1章9節。

怎麼做呢？」兒子歪著腦袋想了一會兒，說：「我會把兩個蘋果都咬一口。」可想而知，那位母親有多麼的失望。她本想像別的父母一樣，對孩子訓斥一番，然後再教孩子怎樣做，就在話即將說出口的那一刻，她忽然改變了主意。

母親摸摸兒子的小臉，溫柔地問：「能告訴媽媽，你這樣做的理由是什麼呢？」兒子眨眨眼睛，一臉童真說道：「因為……因為……我想把最甜的一個給媽媽！」霎時，母親的眼裡閃動著淚花。我們都為那位母親慶幸，因為她對兒子的寬容和信任，使她感受到了兒子的愛。我們也為男孩慶幸，他純真而善良的流露，是因為母親給了他把話說完的機會。

我再舉一個實際的親子對話例子，讓你從對話中學習如何與孩子有良好的溝通。

在看這個例子時，我請你先預備一張白紙或不透明的尺，每看完一句孩子說的話，用尺暫時遮住不看下一句話的回應。你自己先試試看，當孩子說出如下面的對話時，你的回應會是什麼？再來對照本例的回應，之後再看孩子的下一句話，依此類推，直到看完下面整段對話（C是Child：表示孩子所說的話；P是Parent：表示父母所說的話）。準備好了嗎？

【親子對話案例】

C1：爸爸！（哀嘆聲）○○同學都不和我一起看書。

P1：你是不是覺得很難過呀？

C2：是啊！我覺得很傷心。（音調緩慢）

P2：心裡一定很不好受喔？！

C3：是啊！你看她都不跟我好。（不高興的聲調）

P3：喔！你覺得她不把你當成好朋友嗎？

C4：對啊！（音調轉強）你看我都會把書借給她看。

P4：會不會是她今天想自己看書不想被打擾呢？

C5：不知道啊？（語氣漸緩）可是下午她就請我吃東西了。（愉悅聲）

P5：嗯！那她還是把你當成是好朋友囉？！

C6：是啊！我們一起吃得很高興！（音調轉強）

P6：那你現在還會傷心嗎？

C7：不會了！爸爸。（高興聲）

　　請注意這位孩子的每一句話，都有背後的涵義，學習了解每個行為的背後，都有深層的意涵。我來分析這一段簡短的對話，讓你更清楚地掌握處理孩子情緒的祕訣。

C1：爸爸！（哀嘆聲）○○同學都不和我一起看書。

　　從孩子叫爸爸的聲音和音調，你要立刻辨認出孩子此刻是帶著負面微弱的情緒而來，孩子對你述說一件發生在學校的事情（認知層面的事件）。通常父母聽到孩子這麼說，當下可能馬上回應：「他不和你一起看書，下次你也不要和他一起看書。」表面上是同仇敵愾，但實際上卻是教導孩子要「以牙還牙，以眼還眼」，對吧。

P1：你是不是覺得很難過呀？

　　隨後爸爸直接以情緒的字眼「難過」來回應孩子，從孩子的肢體語言、說話的音調及眼神，感受到孩子的負面情緒。爸爸以「你是不是」的方式回應，而不是以直接的判斷（你很難過）做回應，此用意是讓孩子自己去確認與接觸自己的情緒。

C2：是啊！我覺得很傷心。（音調緩慢）

　　父親同理了孩子的情緒，孩子的回應是：「是啊！」此即共鳴性的了解。接著孩子以明確的字眼「傷心」來表達自己的負面情緒，呼應了爸爸使用「難過」的字眼。你能感受到此刻孩子在說這句話時，是帶著「失望之情」嗎？如果可以感受到，表示你能抓到孩子要表達的關鍵情緒。提醒你注意，孩子的音調緩慢下來，這也是情緒得到同理後降溫的徵兆。

P2：心裡一定很不好受喔？！

　　父親回應孩子並接受其內在的感受及情緒狀態。一般父母的回應會不會立刻就說：「別傷心了，有什麼好難過的。」當你這麼說，就是忽略孩子當下的情緒感受，也許是好意，不要孩子陷入情緒漩渦中，但可能無助於孩子處理及面對自己的內在情緒。這是孩子真實的感受（右腦、情緒層面），需要被了解及接納。孩子若沒有機會面對自己的情緒，久而久之會封閉內在情緒之門，壓抑自己的情緒，轉而以左腦（有什麼好難過的！）的思維，來合理化自己的行為。

C3：是啊！你看她都不跟我好。（不高興的聲調）

　　當父親以共鳴性的瞭解來回應孩子，孩子立刻回應：「是啊！」下一句話：「你看她都不跟我好。」父母要敏銳地覺察孩子仍處在不高興、不舒服的情緒狀態中。千萬別馬上回應：「不跟你好就算了，反正你的朋友又不只他一位（認知層面的反應，以理性腦來處理情緒反應）。」這樣的回應，讓你聯想到什麼？

P3：喔！你覺得她不把你當成好朋友嗎？

　　你認為父親這句回應的話用意在哪裡？這是對孩子面對同學行為的「認知同理」，就是對孩子內在可能的想法之回應。但注意，這裡使用的是疑問句，而非肯定句（你認為他不是你的好朋友）。前幾句話是孩子分享心情，爸爸對孩子與同儕間發生的事情，尚無

客觀的事實及對事件全貌的了解，因此不宜主觀地回應，以免曲解了事實。P3 的回應，是讓孩子從情緒中暫時抽離出來，進而思考事件發生的可能原因。

C4：對啊！（音調轉強）你看我都會把書借給她看。

　　父親能同理孩子的想法，孩子被同理後的回應就是「對啊！」。後一句話「你看我都會把書借給她看。」你能聽得出來這句話的弦外之音嗎？這話的隱含意思是「我對待他是很不錯的，我是很大方的呦。」但更深層的意思可能是「我對你這麼好，都願意借書給你看，你也應該對我好，以禮相待啊！」

　　這是孩子與人相處的平等原則與公平信念，是願意共同分享的態度，你能抓到這孩子這句話的內在深層信念嗎？你又如何回應下一句呢？

P4：會不會是她今天想自己看書不想被打擾呢？

　　父親試著以猜測及不確定的口吻「會不會是……」為開頭，假設她同學的反應態度，背後可能的想法及做法。這個用意在於引導孩子思考行為背後的可能性，也將事件的確認權利，交由孩子來認定。記住，父親並沒有在現場，要保持客觀及彈性的立場，也讓孩子學習如何面對事情，學習處理事情的態度，不至於陷入情緒化的狀態下。

C5：不知道啊？（語氣漸緩）可是下午她就請我吃東西了。（愉悅聲）

　　從孩子的回應中，知道她並不能確認同學行為背後的可能原因。但從孩子回應的語氣漸緩，就知道孩子的情緒獲得宣洩，也緩和下來了。孩子被同理後，會感受到爸爸真的能了解她的心情。這就是同理心的力量，你能體會得出來嗎？

　　在情緒緩和之後，孩子話鋒一轉說：「可是下午她就請我吃東西了。」這是帶著愉悅的心情說出來的話，表示同學和她仍是好朋友，雖然同學早上沒有和他一起看書，但下午卻和她分享好吃的東西，表示同學仍然視她為好朋友。之前的幾句對話，已經讓孩子澄清事件的始末，也印證了同學與她的關係依然如故。想一想，孩子一回家對父親述說這件事的用意何在？說同學的不好嗎？講自己很倒楣的一件事嗎？還是孩子想要與父親分享心情呢？

P5：嗯！那她還是把你當成是好朋友囉？！

　　此句父親的回應，是想要確認孩子與同學之間關係的想法，但是父親依然使用疑問句，接下來我想你會知道父親的用意。試著解讀看看，然後再看下面幾句對話。

C6：是啊！我們一起吃得很高興！（音調轉強）

　　看到沒有，孩子用語氣堅定及快樂的心情來回應，你可以聽得出來孩子的心情似乎已經轉變了，由負面情緒轉為正面情緒，以愉

快的心情，透露出堅定的友誼關係。這是孩子純真的一面，孩子不在意你是否為他解決問題，是在乎你能否聽得懂他的心情，了解他的處境。

P6：那你現在還會傷心嗎？

父親帶著關心的態度，以疑問句來確認孩子的心情，以「傷心」的字眼，來回應C1：「叫爸爸時的哀嘆聲」、C2：「我覺得很傷心」。還有父親在P1：「你是不是覺得很難過呀？」及P2：「心裡一定很不好受喔？！」這句話回應的用意，在確認孩子難過的心情是否仍在。

你能看山這位父親回應孩子的對話脈絡嗎？如果可以，我相信你已經能體會這對精彩對話的深層涵義。看看孩子帶著快樂、高興的心情回應的最後一句話C7：「不會了！爸爸。」就能得到驗證。

此刻你的心情是什麼？何不試試看，應用在你與孩子的互動中，比較看看與你平日的親子對話，會產生什麼不一樣的結果。這樣的練習讓你成為孩子的情緒教練，鼓勵孩子表達並面對隨時來臨的情緒風暴。

上面這段溝通對話，是我與我的大女兒，在她五歲時的一段對話，現在她已經是婷婷玉立的職場人士！

教練式父母──提問與反思

請根據前面親子對話案例來回答下列問題：

- 你的回應與書中的回應有何不同？
- 你的回應會帶來什麼結果與影響？
- 你覺得本例中的回應，帶給你哪些省思？
- 你是否看到自己有哪些盲點？
- 若是你平常就能同理孩子的想法，心情，看看孩子會有什麼回應？
- 當孩子的心被你同理與了解時，親子關係會有什麼不同？
- 如果重來一遍對話，你會怎麼說？結果會有什麼不一樣？

第 6 章

界線模糊——
父母不該越俎代庖的事

教練式父母做法：
釐清界線，才有助於孩子的人格發展與責任感。

爸媽總是意見一堆？

華人文化的家庭關係是很緊密的、是互依互賴的，經常只有「大我」而沒有「小我」。說好聽一點是關係親密，反之是界線模糊，缺少人際的心理界線。你說有嗎？試舉幾個例子進一步說明。

孩子開始接受教育後，父母便費盡心思為孩子的未來考慮，四處找名師安排孩子補習（有些孩子不喜歡，但被強迫），親耳聽聞有孩子一週七天，天天補習的（大人都週休二天，孩子在成長階段最需要休息，還要每天補習？！）

「萬般皆下品，唯有讀書高」的濃厚升學主義瀰漫之下，面對國中升高中的基本學力測驗，及高中升大學的學測或指考，父母不是也有很多意見，有時還越俎代庖為孩子選擇科系，卻不問孩子的興趣與志向何在？

等孩子大學畢業後，找工作時，父母會不會有意見呢？當然會，不少父母意見多多，尤其希望兒女留在家中，或離家近的地方工作。孩子們交男（女）朋友，父母會不會有意見呢？有些媽媽對兒子說，不要交了女朋友，就忘了娘，有些父母甚至為孩子立下找對象的條件。

你認為孩子結婚了就沒事嗎？要不要住在家裡，父母親也有意見，若是要搬出家門，動不動就用「不孝」的帽子扣上。生兒育女也會有高度的期待，最好生個金孫，因為事關傳宗接代不是嗎？生

幾個孩子會不會有意見呢？答案你是知道的。

孫子生下來了，要不要自己照顧，或婆（娘）家照顧，或找保母照顧之事，父母會不會有意見呢？孩子及孫子都大了，還不是意見一堆。我們何時才能擺脫父母的干涉？父母關心子女是值得肯定的，關心歸關心，但要留意設立界線，尤其孩子長大後更是如此。其實父母對子女的關心是合乎常理的，給子女意見不是錯的，而是符不符合孩子的需要，若強加意見給孩子，你可能會碰到熱臉貼冷屁股的窘境。

我的焦點在界線上，孩子是獨立個體，尤其是成年後，跨越界線強加意見與要求，可能造成親子之間的對立或衝突。**如果你認為你充分的尊重孩子的決定，心中卻還是嘀咕不已，那不是真的尊重，而是隱忍自己的不滿與情緒。**小心，**別讓你的孩子罹患「長不大症候群」**（Perpetual child syndrome）[01]，意指「在經濟上獨立了，卻允許他的原生家庭仍管理他生活中的一些事情。」

有位媽媽上了我的課後，焦急的來找我，她因為孩子的婚事安排上，與孩子意見不同，不小心說了一些不當的話，孩子氣得不理她，讓她傷心萬分，不知如何是好，說著，說著，眼淚掉了下來。她詢問我該如何解決？這樣的例子是不是屢見不鮮。

什麼是「心理界線」？在我閱讀過的書籍中，將心理界線詮釋

---

01 Henry Cloud & John Townsend 著，蔡黛安譯（2001）。過猶不及：如何建立你的心理界線。頁182，道聲出版社。

得最好的首推亨利・克勞德博士（Dr. Henry Cloud）和約翰・湯森德博士（Dr. John Townsend）兩人。

　　他們提出幾個普遍我們在心中會存疑的問題，例如：「對別人設界線不是很自私嗎？」、「我要怎麼拒絕那些超過我的負擔，而需要我幫助的人呢？」、「如果有人因為我設立的界線生氣或受傷呢？」、「為什麼設立界線會讓我感到愧疚或恐懼？」、「我可以在設限後，仍是個有愛心的人嗎？」你會擔心設限嗎？其實一點都不用擔心，怎麼說呢？請看他們對界線的定義[02]：

> 界線是你個人的「地界」，他定義「你是誰」，你「到哪裡為止」，別人「又從哪裡開始」。……界線是我內心需要有個空間，可以放進感情、衝動、慾望而不表現出來。……界線的發展是一種不斷進行的過程，可是，關鍵時期卻是在孩提時期，即我們個性發展成型的那個階段。……**適當的界線反而可以增加我們關懷別人的能力。**

　　他們指出，有「界線問題」的人會有下列的反應：一、會扭曲對責任的看法與態度，會覺得要求別人為他們自己的感情、選擇、

02　Henry Cloud & John Townsend 著，蔡黛安譯（2001）。過猶不及：如何建立你的心理界線。頁40，89，150，道聲出版社。作者有一系列關於界線的著作，值得細細品味：《為婚姻立界線》、《為孩子立界線》、《為約會立界線》、《為溝通立界線》。

行為負責是刻薄的。二、常常放棄自己選擇的主權,而把選擇的責任放在別人身上。三、根據別人是否允許,或因自己的愧疚而做決定,將產生憤恨不滿的情緒。

賓靜蓀在其文章〈明確的界限 —— 聰明父母的秘密〉中,對界線也有深入的一段探討[03]:

德國立科堡的教育顧問柏華格(Hans Berwanger)表示,他需要「父母定出界限」,孩子需要知道大人眼中什麼是好的,什麼是不好的,底線到哪裡。只有設定一貫的、清楚的界限,才能幫助孩子適應他周遭的環境,而且提供一種「有些規定永遠必須遵守」的安全感。

父母設下清楚且一貫的界限,同時也傳遞了大社會的規範和法令。在家庭中的約定愈清楚、愈可預期,孩子日後進入幼稚園、學校、職場,就愈有自信和他人相處。

教養孩子的過程中最困難的就是平衡點的拿捏。設定界限並一以貫之,更是對父母本身性格、理念、自信的一大考

03 賓靜蓀(2003)。明確的界限 —— 聰明父母的秘密。康健雜誌,第052期。

驗。不但要收，同時也要放，容許孩子實驗的行為空間。
父母如果連一點小事都不讓步，也陷入另一種極端。設定
界限沒有標準答案，但如果父母愈有自信，面對孩子就能
愈清楚、明確。

設界線是對文化的一種省思，也是對父母的一大挑戰，更考驗
父母願意給孩子多少空間。你不面對界線，困擾就愈大，你願意先
改變，孩子就有成長與獨立的機會。放手，你輕鬆，孩子也輕鬆。

教練式父母做法

釐清界線，
有助人格發展與承擔責任

清楚的界限層面含括了：價值與信念、認知與想法、情感與情
緒、行為與態度、選擇與責任、慾望與節制、才能與成就、愛情與
婚姻、工作與績效、角色與分際等範圍。

你有沒有叫孩子收拾玩具的經驗？小朋友玩完玩具後，你要求
他要將玩具收拾好歸位，他應聲說好，過沒多久還是沒動，你又高
聲疾呼收拾玩具，孩子還是說好，卻又沒有行動，最後你生氣了，

一邊罵一邊收拾孩子的玩具。

　　孩子在這過程中學到了什麼？學到了賴皮、不用負責，你喊了老半天最後還是你在收拾善後，卻讓孩子失去自我負責的機會，也承擔孩子應盡的責任，這就是跨越了界限，親子之間的界線模糊了。為孩子設立一些清楚的規範，讓他知道哪些事情是父母要做的，哪些事是孩子自己必須要獨自承擔的，更要為這些事情負起責任來，不可藉故推諉。在這過程中，父母依據孩子的年齡與能負責的範圍，從指導、陪同一起做直到放手，讓孩子學習自我負責與獨立。

　　在設立界線時，你會碰到來自孩子的阻力，例如：質疑、抗拒、測試、逃避、挑戰、抱怨、生氣、耍脾氣等。你能做的就是釐清、包容、堅持、面質、等待、寬待、不放棄。對父母而言，設立界線是一種挑戰，更是學習。**唯有你用溫柔而堅定的意志和態度，來面對自己的孩子，他才有機會成長，未來才能發展出健康的人際界線。**

　　克勞德和湯森德認為[04]，「愛，卻有限制」、「溫和，仍要求子女必須為後果負責」的父母，才能養育出有信心、對生活有控制力的子女。……幫助孩子注意別人的界線，可以幫助孩子去愛別人。尊重別人的界線，是他們可以對別人感同身受，或愛人如己的基礎。我們孩子說的「不」，需要受到別人的尊重，同樣地，他們也需要

---

04 Henry Cloud & John Townsend 著，蔡黛安譯（2001）。過猶不及：如何建立你的心理界線。頁58，104，241，258，道聲出版社。

學習尊重別人的「不」。當他們能夠用同理心，設身處地感受別人的需要，他們就會變得成熟。……發展孩子的界線，就是教導他們學習有責任感。

他們進一步提供父母為三歲孩子建立界限時，要幫助孩子熟練幾件事情：

（1）可以和人家感情很親密，卻仍擁有自我感與跟人分開的自由。

（2）可以適當地對人家說不，卻不怕因此失去對方的愛。

（3）可以接受別人適度的拒絕，卻不會因此在感情上內遁或畏縮起來。

如果界線很清楚，孩子就會培養出如下幾個特質[05]：

（1）對自己是誰，有清楚的認知。

（2）知道自己該負什麼責任。

（3）有抉擇的能力。

（4）了解如果自己作了很好的選擇，事情就會順利；作了拙劣的選擇，就會吃苦頭。

（5）知道有自主能力做為基礎，才可能獲得真愛。

---

05 Henry Cloud & John Townsend 著，吳蘇心美譯（2002）。為孩子立界線。頁9，道聲出版社。

教練式父母——提問與反思

- 什麼是健康的心理界線？
- 我清楚知道自己的界限嗎？
- 我尊重孩子的獨立人格，畫定了清楚的界限嗎？
- 有哪些界線的問題影響了我的親子關係？
- 我如何協助孩子設立人際界線？
- 如果我不小心誇越了孩子的界線，可以做些什麼來彌補？
- 如果孩子不小心冒犯了父母的界線，你會如何回應孩子？

第 7 章

過度控制──
爲何你的孩子學不會獨立？

教練式父母做法：
放手信任孩子，愛是「幫助」，不是「綁住」。

在一次的親職演講結束後，我離開會場正準備往停車場方向走，有位女性聽眾在會場門口，遠遠的叫喚我，希望我暫停留步，我不知道她想做什麼，或是還有什麼問題要與我討論，便停下腳步等待她前來，她喘呼呼地跑了過來說：「老師、老師……請等一下，剛剛聽了你的演講，我有很多感觸，想跟你分享一下。」我說：「好啊。」

接著她告訴我一個關於一位媽媽與要考大學孩子之間的真實故事，情節如下：

一位媽媽對孩子照顧得無微不至，什麼事情都為孩子打點好，讓孩子可以專心地準備大考。

某天媽媽忙著煮飯炒菜，孩子讀書累了，休息一下想來幫忙，媽媽說不用了，去念書。又有一次，媽媽在清潔整理家務，孩子在休息時，主動表示想要幫忙，媽媽好心地拒絕了，並說：「專心去念書。」另一天，孩子苦讀一天累了，想要出去透透氣，找同學聊聊，媽媽嚴正警告大考就快到了，不准出去找同學。孩子很無奈地待在家裡準備大考。這孩子在家裡，成天就是念書、念書、再念書，念得天昏地暗的。大考後成績放榜，這孩子考得不甚理想，於是決定先在家休息一陣子，再度重考。這段休息期間，孩

子獨自在家東摸摸、西摸摸，顯得很無聊。媽媽見狀對孩子說：「你來幫忙煮飯做菜。」孩子回應說：「我不會。」媽媽又說：「你來幫忙打掃清潔。」孩子回答說：「我不會。」：媽媽再說：「不然你去找同學玩玩。」孩子回應說：「我沒有同學。」

這位女性聽眾好不容易把故事說完了。接著她補充說：「這位媽媽事後很後悔，覺得不應該限制孩子太多，導致這孩子什麼都不會，只會賴在家裡，一點都不獨立。」她長嘆一口氣說：「我就是這位媽媽。今天聽完你的演講後，深有同感，我覺得要改變的是我，不是孩子。我以為讓孩子無後顧之憂，對孩子是最好的，沒想到無形中卻限制了孩子的成長，我決定重新調整自己的心態與做法。」

她用手擦了擦微濕的眼眶，抬起頭來微笑地對我說：「謝謝你，陳老師，你的演講內容真精彩，也點醒了我，謝謝你。」我望著這位媽媽離去的身影，心中為這位母親的改變感到動容，我感受到自己的心情是輕鬆愉快的。我深信這位媽媽有所改變後，她的孩子也會跟著改變的。我不僅感受到她的反思與覺察，更看見這位媽媽的決心與勇氣，也知道回家後她會帶出真正的行動與改變。你猜未來的結局會是什麼？換作是你，你有什麼體會呢？

父母對孩子的要求，給了太多的「應該」，常見父母對孩子

說：「你應該怎樣……」、「你應該如何……」、「這麼簡單的題目，你應該考好的」、「這個太容易了，你應該會做才對啊！」、「你是長子，應該……」、「你是哥哥（姐姐）應該……」。**太多的應該，讓孩子背負的沉重的負擔；太多的應該，讓孩子變得膽怯；太多的應該，變成一種指控；太多的應該，讓孩子失去自主能力。**

克勞德、湯森德對「應該」有一番極佳的詮釋[01]：

應該（should）一詞字典的定義是「規勸」之意，是對我們有益的，鼓勵我們走正途。應該這個字眼讓人覺得像是「上」對「下」的關係，是一種論斷。健全的關係要能夠維護對方的尊嚴、選擇權、自由權、和平權等。照字義而言，「應該」並不是壞字眼，但會引起兩個爭議：一、它不被單純地使用，常是一種羞辱或命令人的工具。讓人覺得是有義務的，意味著你必須（must）做……。不給對方選擇的機會。二、你的本意單純，但別人聽起來卻非如此。即「說者無意，聽者有心」。

你要謹慎使用「應該」這個字眼，**當應該變成強制要求時，就**

---

01 Henry Cloud & John Townsend 著，蔡岱安譯（2001）。過猶不及：如何建立你的心理界線。道聲出版社。

失去它的原意，也失去了彼此對等相待的機會。當應該成為父母的擋箭牌，你也會失去真實看待孩子的良機。當應該變成一種控制時，你將失去看到孩子真實能力的契機。放下你的「應該」，也放下單方面的要求。

你要感到高興——當你聽到孩子追求獨立的聲音

在孩子的成長過程中，你可能曾經遭遇孩子下列的一些反應：「不要管我啦！我自己會做好啦。」、「不要太擔心，好像我是三歲小孩。」、「你不讓我試試看，怎麼知道我不會做呢？」、「不要那麼囉嗦好不好，我已經長大了耶！」許多父母看到孩子這樣的回應，都有很深的憂慮感，覺得孩子翅膀硬了，要飛了，再也不聽父母的話了。

這些回應實則是孩子們心中吶喊獨立的聲音，是要告訴父母，放手讓我單飛，學習獨立面對環境，即便是遇見困難，也要讓我試試看，闖闖看。這不意味著孩子要遠離父母，不理睬父母，是孩子心理上的獨立，這吶喊聲是「心理獨立」的號角，父母聽到號角聲，應當感到高興，因為孩子要長大了。

有位大學女學生，準備到國外進行將近半年的海外實習，臨出發前，媽媽突然決定不讓孩子出國，原因是不放心女兒在海外的安全，擔心孩子出國，萬一發生什麼事情，回不來了怎麼辦呢？離家

那麼遠，看不到孩子，內心非常的擔憂。女兒想出去見見世面，經歷不同的學習經驗，看看不同的文化與世界，心中極度的渴望，卻在媽媽的焦慮下，澆熄了她的希望。還好這孩子的態度很堅定，最後說服媽媽，終於成行。

也曾有一位眼眶泛紅的大學畢業女學生，帶著哭喪的神情來找我，她說：「我都找好工作，而且有兩個職缺在等我，可是我卻被父親強制要求返家。」她哭喊著抗議說：「我留在這裡有工作，回家反而沒有工作，為什麼要回家？」原因是父親不放心女兒留在外地，回到家看得到才安心，因為她是么女。事實上，這位父親也強制要求這位女學生的哥哥姊姊們回家，大哥都已三十多歲了。家長的不放心，孩子何時才能獨立呢？

難道你希望孩子永遠賴在家裡？難道你不期望孩子學會獨當一面？捨不得離開的其實是父母，難以放心遠離的是爸媽，因為背後的擔心與憂慮，牽掛著孩子，這對父母而言，也是矛盾與割捨的挑戰不是嗎？

大自然界其實有許多屢見不鮮的例子，這些例子都成為我們很好的啟示與借鏡。我舉「雛鳥學飛」與「小水獺學游泳」為例，與你一起分享。

想一想當雛鳥翅膀漸硬之後，母鳥是怎麼做的？母鳥會在高高的鳥巢旁，用喙叼起雛鳥往下丟，讓雛鳥練習展翅飛翔，雛鳥學飛

展翅之初，要飛得順暢是有困難的，甚至有往下掉的生命危險，這時母鳥會飛到下面，安全地接起雛鳥，再飛回到樹上，再將雛鳥往下一丟，如此不斷地反覆練習，直到雛鳥完全能飛翔為止。

我在網路影音網站上看過一部「小水獺游泳課」（Otter Pups Swim Lesson）的短片[02]，深為感動，我鼓勵你一定要看，相信你會得到很棒的啟示。短片中你會看到母獺在小水獺出生30天後，用嘴巴叼著小水獺往水裡丟，小水獺幾度試圖想爬回岸上，母獺會不斷阻止牠上岸。接著，母獺會依序從漂浮、游泳、到潛水，分次教導小水獺，小水獺會逐一學習，愈游愈好，就愈有信心，直到小水獺完全能熟練為止。

母鳥與母獺都是藉由不斷地嘗試，讓雛鳥與小水獺完成天賦的生存能力，母鳥與母獺並不擔心雛鳥會摔死、小水獺會淹死，或者把牠們保護得無微不至，不讓雛鳥飛翔及小水獺游泳。母鳥與母獺會在安全的範圍內，保護幼鳥與獺子，讓幼鳥與獺子，藉由不斷地練習、練習、再練習，最終學會翱翔天空或悠游水中。

「**風箏理論**」是我從文化的觀察，及實務中所體會出來的觀點。它的概念是：父母都希望孩子們往高處走、往高處飛，父母好比放風箏的人，風箏好比孩子，放風箏的人看到風箏愈飛愈高，父母帶著興奮的心情說：「加油啊！孩子，飛高一點，飛往你夢想的

02　本片網址：http://www.youtube.com/watch?v=QpTqV6LPl8c

世界」；另一方面，卻又擔心風箏飛走了或失控了，於是用手抓住繩子往後拉扯控制。當風箏飛得愈高愈遠，快要失去控制時又趕緊說：「太高了，危險！危險！不要再飛了，萬一斷了線，回不來怎麼辦？」這是否很矛盾呢？既期望孩子高飛（獨立），卻又在後面緊緊抓著不放，孩子怎麼能夠獨立高飛呢？

教練式父母做法

放手信任孩子，
愛是「幫助」，不是「綁住」

吳慧珊針對國小六年級學童的研究發現[03]：

一、子女知覺親方決策權限大於子方決策權限時，確實會感受到與親方有較多「親子衝突」，而內心「缺乏自主感」的衝突感受又更為強烈。

二、子女在不同的領域都期待有更高的子方決策權限，且在不同領域中子女所期待的決策權限也會有所不同。當子女愈不認同爸

---

03 吳慧珊（2009）。親子權限與親子關係之相關研究。輔仁大學兒童與家庭學系碩士論文。

媽在各領域的決策權限時，除了會愈期待自己有更多的決策權限外，子女與爸媽的「親子衝突」及「缺乏自主感」也會愈顯著，其「關係滿意度」也會愈差。

從前述的研究結果，你是否覺知到子女需要父母放手，讓他們自己做決定，放手意味著信任孩子的判斷與能力，放手才有空間讓孩子獨立和成長。父母過度掌控、過度保護、過度要求、過度限制，其實來自於深層的焦慮與不安，害怕與恐懼的心，是父母將不安全感投射在子女的身上，父母以這種自以為對孩子的愛，來解除自己的焦慮，卻帶給孩子不可承受的壓力和負擔，反倒成為一種「假裝的安心」。

安吉麗思博士對於恐懼有一段貼切的描述，她寫道[04]：「恐懼表面上是保護我們，使我們不受傷害，實際上，它奪走了我們對生活的熱情。……恐懼並非生來就在經驗裡，是我們把恐懼帶入經驗。……學著跟恐懼一起生活，而不是化為恐懼。」

愛是「幫助」，不是「綁住」。這是一種在愛中的信任，被充分信任的孩子，能夠有信心地面對挑戰，更會懂得自愛與節制，正如《先知》裡所說的：「孩子是生命的子與女」，信任孩子，就是信任生命。

---

04 Barbara De Angelis 著，汪芸譯（2002）。愛是一切的答案，頁204，208，218。天下文化出版。

　　給孩子一些空間，不要過度控制孩子，讓他們有機會在嘗試錯誤中成長。放手才能真正擁有，不放手反倒失去；放手也是放下自己，放下自己才能放鬆，不放手緊抓住自己，反倒累垮自己，失去自由。無意間在網路上看到一段話，標題是「放手」，寫得非常好，值得父母親省思。

放手，不等於不關心，只是我不能代替別人做事。

放手，不等於從此不管，而是明白我不該控制他人。

放手，就是不要提供所有答案，讓別人從結果中學習。

放手，就是承認無能為力，因為結果如何不在於我。

放手，就是不再試圖改變或責備他人，因我只能改變自己。

放手，就是關心，而非操心。

放手，就是不要替別人補救，只是表示支持。

放手，就是不要批評，讓對方保有尊嚴。

放手，就是不要操縱結果，讓別人自行決定。

放手，就是不要過分保護，讓別人面對現實。

放手，就是不要否定，只是接納。

放手，就是不要嘮叨、斥責和爭辯，而是反思己過予以改正。

放手，就是不強求凡事照自己的意思，而是接受現狀，珍惜每一刻。

放手，就是不再批評或勉強別人，而是努力成為自己理想中的人。

放手，就是不為過去感到遺憾，而是繼續成長，為未來而活。

放手，就是少害怕一點，多愛一點。

放手，不是放任不管，是知道自己能為對方做什麼，不能為對方做什麼。

在什麼時候介入，在什麼時候袖手旁觀。這，更難。

其實，教練式父母可以應用「改變標準設計」（the changing criterion design）的策略[05]，仿效母鳥與母獺的做法，訓練孩子學習獨立。先從簡單易做，父母親能安心的地方開始，例如：讓孩子出去半天，接下來出去一天，接著嘗試在外過一夜，過兩夜，過一週，逐步拉長時間週期。讓孩子外出離家，從短距離到長距離，市內到郊外，中部到北部，國內到國外。簡單的事情，讓孩子嘗試做做看，有了孩子的信心與父母的放心，漸漸的增加難度，直到孩子能獨立面對環境。

---

05 陳千玉譯（民86）。行為改變技術。頁131-134，五南出版社。由 Sidman（1960）所提出的一種研究設計模式，能針對逐漸形塑的反應來改變行為。採取漸進原則，在達成每階段預定標準後，給予增強，直到最終行為達到為止。類似操作制約學習的行為塑造。

教練式父母──提問與反思

- 檢視你自己有哪些「應該」？這些應該對孩子造成哪些影響？

- 是什麼讓我無法放下擔心憂慮，因而控制孩子不放手？

- 若要對孩子放手，我可以做的第一步是什麼？第二步又是什麼？

- 不放手，對你們的親子關係有哪些妨礙與影響？

- 試著放手，看看孩子有什麼不一樣的改變？

第 8 章

太看重分數──
你是否忽略了孩子的
分化與探索？

教練式父母做法：
學習的「歷程」更重要，
孩子也需要機會學習面對挫折。

　　2000年時，台南市政府舉辦了15場社區親職講座，我應市府邀請，主講其中五個場次。在每場演講結束前，照往例我都會留下互動分享或提問的時間，令我感到驚訝的是，前四場最後的時間，父母親提問的問題，與關注的焦點，幾乎全圍繞在與孩子的課業和成績上。

　　在演講結束後，開車回家的路上，我的腦海中不時浮現出一些景象：父母親臉龐顯露出關心子女的課業，內心卻是透露出對孩子未來的擔憂；表面上看到的是對子女的呵護之情，實則透露出對孩子已做好前途的規劃；表面上聽到的是要子女能夠獨立自主，無意間隱晦的透露出對子女的要求與控制。

　　在赴最後一場的路途中，我覺得心中對這群父母與孩子感到不安與不捨。我決定在說明前四場的情形後，不待家長提問就先問：「請問在場的家長，你們與孩子們之間，把功課或把成績拿掉，還剩下什麼？」現場頓時鴉雀無聲。我再問：「除了成績和功課之外，親子之間有沒有共同的話題、興趣、與活動呢？」有的請舉手，舉手的寥寥無幾。這五場演講結束後，對我而言是一個真實的衝擊，因為父母所關注的焦點集中在「成績和分數」。

　　有個更誇張的例子，我曾受邀前往鄰近海邊的社區，主講一場社區親職講座。我在豔陽酷熱氣候的午後，開車前往，迎面而來的空氣，有股鹹濕的海風味道，迎面撲鼻而來，內心浮現出輕鬆的心情。

　　講座結束後，現場一位迫不及待的媽媽率先舉手發問，她的語氣急促，快速的音調，顯露出不安之情，下面是當時的對話。

　　她問：「陳主任（當時我擔任諮商輔導中心主任），我的孩子成績很不好，請幫幫忙，怎麼讓他的成績好起來？」（她臉上一副急切之情）

　　我說：「這位媽媽，感覺妳很擔心你孩子的學業表現，讓我知道你孩子的成績有多差？」

　　她說：「他就是不認真，不努力，氣死我了，叫他念書也不念。」（愈講愈氣，聲調和語氣轉趨高昂）

　　我說：「似乎妳很不滿意妳孩子的表現，妳認為他的努力還不夠？」

　　她說：「對啊！像這次的數學，他就考得很不好！」（這說到我心中的痛，因為自小我的數學表現也不是很好）

　　我問：「數學考得有多差呢？」（我想要了解實際的狀況）

　　她更火大了，說：「就是不認真，考得那麼差，怎麼辦？」（她的焦慮又出現了）

　　我再問：「到底考幾分呢？」（我心中充滿著疑惑……）

她帶著生氣的口吻說：「這次數學竟然只考 99 分，你說氣不氣人！」（她怒容滿面。我心中卻是一驚，考 99 分已經夠好了，想想我自己從小到大，都沒考過這麼高分，你呢？如果你是我，下一句你又會怎麼說？）

我說：「考 99 分已經很棒了，我從來都沒考過這麼高的分數！」（我心中很疑惑也很納悶，考這麼好，媽媽還擔心什麼呢？）

她回應：「主任，你不知道啦，考 99 分算什麼，在班上排最後一名！」（我嚇了一跳，換句話說，前面的學生都是考滿分的。我心想會不會是題目出得太簡單呢？太過簡單的題目，沒有鑑別度，無法判斷學習成果，也不具參考的價值和意義。）

我問：「請問你的孩子上一次數學考幾分呢？」

她轉憤怒地說：「考的更差、更爛。他就是……」（她當眾數落起她的孩子來）

我中斷她的話問：「考幾分呢？」

她說：「上一次他竟然只給我考 45 分，他就是不努力啦！……」（聽她的語氣似乎又要繼續數落她的孩子，我中斷她的話……）

我問：「你的孩子上次考 45 分，這次考 99 分，已經大幅進步了 54 分（4 與 5 的阿拉伯數字顛倒過來），

你有看到你孩子的進步嗎？」（現場聽眾聽到後，一陣譁然，臉上盡是驚訝的神情！）

　　我接著問：「請問妳，其他的同學上次考幾分呢？」

　　她又說：「上一次其他同學大部分考 80 分以上。」（她臉上顯得有些挫敗和沮喪）

　　我回應：「你好像很擔心你的孩子跟不上同學落人於後。妳有注意到孩子進步了 54 分，遠超過其他的同學嗎？你覺得孩子需不需要妳的掌聲和鼓勵？妳為落後的 1 分與孩子斤斤計較，在意些什麼？」（我心想，100 分的一半是 50 分，她的孩子進步 54 分，已經很了不起了啦！）

　　看完這段對話，你做何感想呢？我知道這位媽媽很心急，擔心孩子的成績落後同學太多，趕不上同學。這是多數父母面臨的狀況，還是只有這位媽媽？

　　很多人誤以為分數是量化，最公平，但愛因斯坦就說過：「許多重要的東西是不能被量化的」（Everything that counts can not be counted）。分數代表的是現在的知識，並不能預測未來的表現。中央大學神經科學研究所所長洪蘭教授，更是大聲疾呼說[01]：

---

01 洪蘭（2010）。是誰把孩子逼瘋？天下雜誌，462 期。

也許來自於社會文化高度的期許與升學的壓力下，父母無奈地重視孩子的課業。當大人只重視分數時，孩子只好作假，而作假會使他更加貶低自己，這個惡性循環最後會使孩子賠上他的精神健康。為此，許多孩子學會揣摩上意、討好大人或創造一個成績優秀，博得父母歡心的「我」。假如這個理想的我跟真實的我差距太大，就會使焦慮更嚴重，這時孩子會用任何方式去暫時獲得父母的歡心。這是為什麼賓州大學研究發現孩子說謊的最大原因是不想讓父母失望，也是學生作弊愈來愈普遍的原因。當大人只重視分數時，孩子只好作假，而作假會使他更加貶低自己，這個惡性循環最後使他掉入憂鬱症的深淵。

看看丹麥的學校與台灣有何不同？他們的基礎教育過程中，不選模範生，更沒有排名，重視的是學生們[02]：

（1）養成解決問題能力，因自信而快樂。

（2）不追求高分，卻有六成學生熱愛數學。

（3）不跟別人比較，只追求自己的天賦。

（4）丹麥孩子懂得傾聽心裡的聲音。

（5）高中畢業不急著進大學，花一年旅遊或當志工來思考人生。

---

02 賀先蕙（2007）。學校不選模範生更沒有排名。商業周刊，第1001期。

第一名的壓力

《天下雜誌》曾針對國小學生父母、國小四到六年級學生、及學校老師的調查[03]，分別探詢他們對目前家庭生活與家庭教育的看法，結果顯示：

（1）放學後的生活只有補習。

（2）父母聊天話題以學校課業及生活為主，然而孩子最想談心情和情緒。

（3）孩子不快樂主因是爸爸媽媽不了解我。

我家老二在小學中年級時，某天放學後，上氣不接下氣，很興奮的告訴我，學校發生的一件事，他與我分享和同學之間的一段對話：

老二：「爸爸，爸爸！我們班上的同學，都爭著來當你的兒子和女兒ㄟ！」（眼光中透露出興奮與驕傲的神情）

我好奇地回應：「喔！？發生了什麼事？班上的同學怎麼了？」

她回應：「我們班同學都在討論，誰的爸爸、媽媽對孩子比較好。我跟我同學說我的爸爸說：『就算我考試考

---

03 天下雜誌（2005）。家庭教育贏的起點。11月教育特刊。

零分，他一樣愛我。』」

　　一群同學聽到老二回應後，很激動的說：「啊！真的嗎？有這麼好喔！」（臉上浮現出驚訝不可思議的表情）

　　甲同學說：「我考99分就要被打一下ㄟ！」

　　乙同學嘟著嘴說：「我爸爸規定，考95以下，少一分打一下。」

　　丙同學不平的說：「我媽媽說沒有考一百分，差幾分打幾下。」

　　我好奇的問：「你怎麼跟同學說呢？」

　　老二微笑著說：「我爸爸說他不在意分數，他在意我們的學習態度。考不好，就繼續努力阿！」

　　一位已退休的國小校長投書媒體[04]，以過來人的身分表達一些她的想法，他寫道：「我在年輕時和許多父母一樣，眼裡只有一中、女中等明星學校，么女當年只考取職校時，還讓我生氣多時。經過這麼多年來，我發覺每個孩子都有他們自己的人生，讀什麼學校沒那麼重要！只要有吃苦耐勞的精神、一顆向上的心和專業智能，無論在任何環境下都能勝任愉快，這也是做父母的最希望的事，不是嗎？」他的么女學歷最低，卻已是知名品牌公司的高階主管，也是

---

04 金萍仙（2012）。讀名校有這麼重要嗎？聯合報，11月12日。

三個孩子中唯一每月固定回饋數萬元的女兒。

　　幾年前一位學生，在下課休息時間找我閒聊，他分享他的學習歷程：「我小學及國中都是唸資優班的學生，可是現在卻在私立科大念書，一點也不優秀，資優生又怎樣呢？！」從他感嘆的語氣中，我知道他對自己的目前的狀況感到失落。驗證了「小時了了，大未必佳。」這句話。

　　我遇見也聽聞過不少資優學生，從小學開始在各方面的表現極佳，對自我期許很高，但是稍遇挫折就出現問題，我舉幾個例子讓你看看，並且深思一下自己的教育理念。

　　有位在大學四年八個學期，皆是班上第一名的學生，父母將孩子送到國外深造，期待早日學成歸國。如果你有這樣表現優異的孩子，肯定父母走起路來都有風。沒想到這孩子念完第一學期後，竟然自殺了。父母親驚覺不可思議，「我的孩子這麼優秀又乖巧，從不與人結怨，總是很努力的用功讀書，怎麼會想不開呢？」

　　這孩子的父母就帶著疑惑、傷心難過又焦急的心，趕赴學校一查究竟。沒想到孩子自殺的原因，竟然是當學期的學業成績排名班上第二名，就這樣想不開自殺了！我常問一些父母有讀過第一名嗎？大部分的父母都沒有，包括我自己也是，沒有讀第一名，但我們不是也好好活著嗎？讀第一名的孩子永遠有退步的壓力。想想看，當你爬上玉山最高峰之後，要做什麼呢？休息之後下山對吧。讀第二名還是很優秀的。

　　有位資優的高中女生，大學放榜後，沒有考上心目中理想的國立大學，竟在看完榜單回家的路上，跳軌自殺。有位資優生念到博士班，疑是課業壓力大，又罹患憂鬱症，想不開在校園跳樓自殺了。有位就讀全國最優秀的高中學生，因為沒有考上第一志願，心情至為沮喪，最後住到精神科病房去了。這樣的例子屢見不鮮，只要到網站上打上資優生的關鍵字，你會看到一堆這樣的新聞。

　　我們究竟是要培養好成績的孩子，還是有挫折容忍力的孩子呢？哪一個重要？**請父母將眼光從成績的高低移開，轉而關注孩子的學習歷程與態度。**

教練式父母做法

關注學習歷程，
讓孩子學會面對挫折！

　　有位朋友與我閒聊時，提及他念高中的女兒的一段匪夷所思的事情。

　　他女兒升高中時，以優異的成績考上第一志願，但考慮離家太遠，每天通車上下學要耗去太多時間，於是選擇離家近，但卻是第

五志願的學校，他女兒不以為意，認為只要努力認真，在哪間學校讀都沒關係。

有天，他女兒回家，告訴我這位朋友，她在學校與同學間發生的一件事情，她說：「今天我向班上一位女同學借筆記，沒想到這位同學竟然帶著不屑和敵意的語氣說：『我不會借你筆記的，三年後我們考大學時，是競爭者，是敵人，我不會借你筆記的！』」這位朋友聽了真傻眼，很驚訝也很不解，怎麼一位高一的小女生，心中只有競爭、競爭、再競爭的心態。

如果孩子的學習過程，除了分數之外，沒有同窗友誼，只有分數，只有競爭，這樣的心態從哪裡來的呀？父母嗎？教育制度嗎？社會價值觀嗎？想想當孩子進入社會工作後，會是一個什麼樣的人呢？這聽了令人不勝唏噓。

請父母將眼光從考試分數，轉移到孩子的學習態度。讓孩子在學習挫敗中，建立自信心。我套用股市的概念（見圖5），讓你知道怎麼面對孩子的學習歷程。

試著將圖5這張股價走勢圖，做點概念上的轉換。圖下方橫軸是時間軸，將時間軸當作學習歷程（從小學到大學約16年時間）。圖右方的縱軸（股價或加權指數），當成學業成績的高低（六十分到一百分）。

如果你的孩子，在小學時表現不佳，愈到大學表現愈好，就是「開低走高」。反之，小時了了，大未必佳，就是「開高走低」。也有孩子從小到大，表現始終平平，這是「震盪盤堅」。有些孩子從

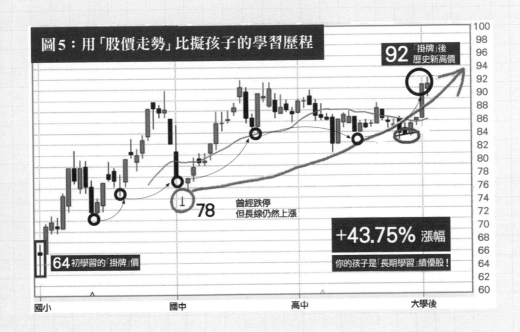

圖5：用「股價走勢」比擬孩子的學習歷程

92 「掛牌」後
歷史新高價

78　曾經跌停
但長線仍然上漲

+43.75% 漲幅

64 初學習的「掛牌」價

你的孩子是「長期學習」績優股！

國小　　　國中　　　高中　　　大學後

小到大，一路表現優異，這是營收表現極佳，每年都高配股（金）
「績優股」。另一些孩子的成長過程，一路表現都差強人意，這是經
營績效差的公司，隨時可能淪為「水餃股」。但要留意，一旦環境
改變，或孩子開竅了，也可能是轉機股或潛力股。

　　我們來看看開低走高的現象，倘若孩子在小學表現不佳，別太
擔心或焦慮，提供孩子機會與挑戰，鼓勵孩子面對挫敗，找出方法
來改善學習情形，他的表現會愈來愈好。看前圖，如果孩子某次考
試表現不如人意（當股價或加權指數往下掉時），不少父母就開始
緊張了，責罵孩子怎麼會考不好。下次努力一下，成績表現有往上
走，父母就高興起來了。又過了幾次，孩子的成績再度往下掉，父
母又擔心起來了。

不少父母卻忽略了，這一波的低點（成績），較前波的低點（分數）更高，下一波的低點，又比這一波的低點更高，也就是底部愈墊愈高。請問孩子的成績表現是開低走高，你還要擔心嗎？真正要擔心的是開高走低或股價長期低迷（成績表現始終落後）對吧！請回頭看看你的孩子是哪一類呢？

我家老二，小學低年級時，很害怕上學，有時晚上睡覺前，哭喪著臉對我說：「爸爸，我很有壓力，我不要上學。」有時早上出門前，背著書包，站在門口又哭了起來，雙腳不願走出門口，一直哭。為時約兩年，成績表現多半落人於後。

經深入了解孩子的狀況，是出於對新環境的不適應。我告訴導師，我們不是看重分數的父母，請老師按著她的學習能力和速度來安排，讓孩子可以不排斥上學，到學校享受學習就可以了。

雖然如此，她在家可是很活潑，很會搞笑，很有創意的想法，反應也非常敏捷，說話振振有詞，我始終都看好她，只要信心能建立起來，能在眾人面前放得開，她的表現指日可待。我也與她分享，我從小學到高中的學習狀況，還有一段我考大學的糗事來激勵她，讓她知道她未來一定有機會表現愈來愈好的。每次她聽到我講這件糗事都捧腹大笑。

話說當年，向來對數字很頭疼的我，數學一直都學不好，考大學時的數學是用猜的，當時有一種筆桿六角形的「玉兔牌」原子筆

（現在市面上已看不到了），我在其中的四個桿面，分別刻上一個點，二個點，三個點，四個點，進入考場後，我就滾動筆桿，滾到一點就填 A，滾到二點就填 B，依此類推，將所有題目從頭猜到尾。你猜，我猜中了幾分？會及格嗎？鐵定不及格。50 分嗎？太抬舉我了。30 分嗎？還是太高！

　　我猜中 19 分。可別笑我喔，當年的數學高標分數是 11 分，我班上的模範生是數學高手，也不過考 9 分，我還贏他 10 分，已接近高標。還記得當時數學答錯還要倒扣的，我很厲害吧！不過，放榜後當然沒考上。隔年重考，依然如法炮製，你猜這回我能拿幾分？我抱了個大鴨蛋（零分）回來。

　　我告訴我的孩子們，雖然高中前我不太喜歡念書，為什麼後來又可以念大學，甚至一直讀到博士，還能在大學教書。我說我是「大隻雞慢啼，敖人奧出頭」（台灣俚語：比喻大器晚成）。只要找到自己興趣的方向，努力往前走，不怕將來沒有成就。小時了了與大器晚成，你要哪一個？

　　我的老二升上國一後，課業表現愈來愈好，她是開低走高型，是潛力股，從她各方面的表面，我預期她會更上一層樓。我鼓勵你放下用眼前成績表現，來檢視孩子未來成就的心態。你要做的事是發現孩子的潛力，及各層面的狀況，你輕鬆，孩子也快樂。

教練式父母——提問與反思

- 我是否只看重孩子的學業成績，而忽略了學習的進展？

- 當孩子面對學習挫折時，我要給予什麼協助？

- 想想你在意孩子的成績和分數，背後反映出自己內在的哪些價值信念？

第 9 章

忙與盲──
現代親子疏離的元凶

教練式父母做法：

建立「品質時間」，拉近親子距離。

　　我在孩提時代，家中只有父親有正式的工作，母親則在家料理家務並照顧小孩。到我高中時，家母因小孩都長大了，為了打發時間，也曾短暫出去工作一段時日，也曾在家當保母，替父親的同事照顧小孩。這是一般傳統家庭「男主外、女主內」的模式，大多數女性為家庭的主要照顧者，照顧孩子的責任，多數落在媽媽們的身上。

　　隨著大環境的改變，家庭經濟壓力沉重，女性投入職場工作的人數及雙薪家庭的比例增加。父母雙雙投入職場，導致照顧孩子的時間相對減少，造成家庭的負擔及問題於焉產生。過去二十餘年來，我常有機會進入企業界，聽聞不少企業中高階主管，因為太投入工作，整日忙碌，導致家庭出問題，下面是一則科學園區內發生的真實案例。

　　某科技廠高階主管，每天的工作和行程排得非常緊湊，每到孩子放學時，就趕去接孩子回家，簡單用餐後，隨即又趕回公司，得忙到半夜才能回家。當時孩子年紀還小，沒感覺有什麼不妥。直到孩子上了高中後，他發現孩子不理他，不想和他說話或接近，彼此幾乎沒有互動，形同陌路。

　　這位主管很感慨的說：「很後悔，沒有在黃金時間陪伴孩子一起成長，忙碌的工作，佔去了大部分的時間。現在做什麼都沒用了，也挽回不來。奉勸父母親，無論再怎麼忙，都要撥出時間來陪陪小孩。」

我曾無意間在一個網站上，看到一位雙薪族家庭痛苦的心聲[01]：

我家是所謂的雙薪家庭……，能抽得出空的日子會盡可
能回家陪太太孩子，吃晚飯再趕回公司繼續操（開會就沒
辦法）。要說疲於奔波也是真的，但還是希望不要錯過跟
家人相處的機會。……昨天夜裡，回到家孩子如常已經入
睡，太太卻一反常態還醒著；看她眼睛微微泛紅似乎哭過
的樣子，一問之下她拿了篇孩子的作文給我看裡面寫著：
「我希望能和爸媽多出去玩」的字句。

看了這位孩子的話，你是否會心疼呢？你是否也是雙薪家庭，
忙碌於辛勤的工作中，苦於撥不出時間來陪伴孩子。這是不少雙薪
家庭父母進退兩難的處境，所反應出來的矛盾心情與苦楚，也是社
會的普遍現象。放下你的內疚與虧欠，你已經盡力了。

在有限時間內，專心陪你的孩子

孩子們要得不多，只是一點點的關愛的眼神，及一些些專心陪
伴的時間。你願意給，孩子會感受得到的。

01　商業周刊討論區 http://forum.businessweekly.com.tw/topic.aspx?-
fid=32&tid=1091

不少雙薪家庭父母常問我，他們因工作關係，無暇照顧孩子，怎麼辦呢？他們非常憂慮，陪伴孩子的時間太少，和孩子的關係會疏離。大環境的改變無可避免，**父母親期待與孩子建立親密的關係，關鍵不在時間的長短，而是相處時的品質。**

父母與孩子共處一室，若有長時間相處卻沒有互動，親密的關係會增加嗎？沒有品質的長時間相處有意義嗎？如果只有短暫的20分鐘與孩子相處，在這麼短的時間內全心陪伴，有互動、有溝通，也就夠了，不是嗎？

長時間而沒有品質的相處，抑或是短時間卻有高品質的互動，兩者相較之下，你要選擇哪一種方式？「陪伴」是指父母親與孩子，人同在，心也同在；而非人在，心卻不在。

教練式父母做法

建立品質時間，拉近親子距離！

我剛考上博士班準備註冊進修時，適逢老二出生，我一邊要進修，一邊要協助帶小孩，我幾乎得等孩子們睡著了，才開始閱讀資料或撰寫報告，課業壓力很大，時間壓縮之下的壓力更大。那時正處於「有子萬事足，睡眠不足」的煎熬狀況。進修、教學、照顧，蠟燭三頭燒，我的睡眠時間嚴重不足，品質也不好，耗掉大半的時

間在進修上，陪伴小孩的時間就更少了。

　　兩年後，老二兩歲之際，我卻發現她和我的親近程度，遠不及我和老大的關係。我驚覺到陪伴老二的時間，遠不如老大。有時我在準備課業時，老二會到書房來找我，帶著期盼的眼光看著我，要我陪她玩。我的回應常是：「好，等一下，先讓我把資料讀完。」、「等等，爸爸壓力很大，時間不夠，不要來煩我。」、「稍晚一點我再陪你玩好嗎？」有時焦躁的情緒會讓我顯出不耐煩的樣子，對待孩子的語氣也不佳。

　　老二才不管我說什麼，一直賴在身旁，水汪汪的眼睛，帶著苦苦要求的眼神，拉著我的手要出去。有時候我會帶她出書房再回來，她總是帶著失望的眼神離開，沒多久她又再度進到我書房來了，希望我能陪她玩，幾次來回的拉扯後，我的情緒就上來了。

　　當我驚覺到對孩子的態度是有問題的，於是我改變了做法，只要老二到書房來找我，我就說：「好，先陪你玩，你需要多久時間，玩完了以後，我再念書好嗎？」她回應：「十分鐘就好。」她會興奮地抓著我的手，衝到書房外面去玩。我會專心陪著她玩，也依從她想要玩的方式。不到三分鐘，她揮揮手，一副要趕我走的樣子說：「好了，夠了，你去念書吧！」頓時我傻眼了，不是要我陪你一起玩嗎？怎麼才玩一下子，就要趕我回去了。

　　我試了幾次之後，發現一件事：**孩子要的不多，只是一點點時間專注的陪伴，孩子很容易滿足的。只要讓孩子感受到你願意與她**

同在，**她會很快樂、很高興的。**從此之後，她能快樂的玩，我也能專心的念書。當我轉變作法之後，發現我和老二的關係，就逐漸的拉近，彼此之間更加親密了。

　　教練式父母要做的事，就是留下「有品質的時間」給孩子。有品質的時間意味著專心陪伴，眼神要有交集，共同做些有興趣的事情，或孩子希望父母與他們一起做些什麼，能夠互動與溝通，專心聽孩子說說話，同理孩子的心情。有品質的時間，哪怕只有幾分鐘，都遠勝於相處幾小時，卻沒有互動與溝通來得好。現在開始每天留下一段有品質的時間與孩子們相處吧！

教練式父母──提問與反思

- 在忙碌的生活中，我承諾自己每天撥出多少分鐘的「品質時間」陪伴孩子？
- 在短暫的陪伴過程中，我願意和孩子一起做哪些事？
- 試著陪伴孩子一個月後，檢視一下親子的互動，紀錄你們親子之間有何不同？
- 如果實在難以撥出一段品質時間，我要對孩子說什麼？

第 10 章

當孩子的夢想未竟──
上意難違的「理想轉移」？

教練式父母做法：

尋得孩子天命，安置生命位置。

　　我是家中的長子，也是家族中第一位孫子輩的孩子，從小家父對我的期望很高，希望我將來當醫生（老一輩的父母似乎都有這種想法，當然這有時代的背景），可惜國、高中時，我是個不愛念書的孩子，高中考大學時，也曾拒絕聯考，因為不知道要讀什麼？更不清楚自己的興趣在哪裡？

　　許多父母親非常善意、用心良苦地為孩子的將來鋪路，費盡心思為孩子打點一切，找名師安排補習或家教，期望將來子女能有所成，甚至繼承家業。如果孩子也有此意願，兩代之間有共識，結果必定令人稱羨。

　　然而在現實環境中，我卻看到不少父母親，強加自己的夢想在孩子的身上，因而引起家庭的衝突，舉些實例讓你看看。有位大學生臨畢業前，帶著沮喪的心情來找我，想與我談談未來畢業後的發展與出路。說著，說著，他的情緒激動了起來。

　　　　他對我說：「我畢業後絕不從事與我現在所學的科系，有任何相關的工作」。（音調高昂語氣堅定）

　　　　我很驚訝且帶著狐疑反問：「你有這麼堅定的想法，又怎麼會念現在的科系？」

　　　　他帶著生氣的口吻說：「這不是我的興趣。」

　　　　我說：「如果不是你的興趣，怎會選擇來念現在的科系呢？」

他帶著不屑的語氣說：「這是我父親要我來念的，我不想來念，被強迫來的！」

我疑惑地問：「你沒有選擇的權利，很無奈吧。有考慮轉科系嗎？」

「當然有啊！」失望落寞地回應。

我好奇地問：「結果呢？」

他生氣地道來：「大一及大二時，我試著說服我父親讓我轉科系，每次我將轉系申請單遞給我爸爸，他二話不說直接撕掉申請單，連撕了兩年。」

我語氣緩慢柔和地說：「感覺你努力了，但結果好像蠻挫折的！你清楚知道你的興趣是什麼嗎？」

他長嘆一口氣地回應：「我最喜歡文學，文學讓我找到力量，讓我感受到生命的價值與意義！但我爸爸期望我畢業後，回家繼承家業，可是我不想！」

哇！我帶著佩服的語氣：「你看到你人生的方向，卻遭受到父親的阻擾。畢業將近，好像你再也不想受到支配，想走你自己的路。」

「對！我想走我自己的路，不管那麼多了。」他語氣堅定但緩和地回應。

　　這段真實的對話，有沒有觸動你什麼？如果你是父親，聽到這孩子的陳述，會有哪些反應與感受呢？如果你是這位孩子，會有什麼感受呢？父親的善意，孩子無法承接。孩子要走的路，父親不贊成。若這孩子回家後，告訴父親他的決定，你猜會發生什麼事？會不會引起親子衝突和家庭革命？

別成為孩子最適發展的阻礙

　　再舉個令人驚訝不可思議的真實案例。

　　一位在美國攻讀醫學博士的台灣留學生，在畢業前夕時舉槍自殺。想想看，能念到醫學院畢業當醫生，已屬難能可貴，更何況是讀到醫學博士，這一定是相當優秀的人才。如果你的孩子有如此優異的表現，想必你以孩子為榮。

　　這位高材生在台灣的父母親聽到不幸的消息，帶著傷心與驚訝的心情，立刻整裝趕赴美國。看著孩子的遺體及留下來的遺書寫道：「親愛的爸爸：『明天是畢業典禮，請您代我上台領取畢業證書，這張畢業證書是您要的，不是我要的……』」父親看完遺書當場崩潰，捶胸頓足，老淚縱橫，後悔不已，但為時已晚，無可挽回，徒留終生遺憾不是嗎？！如果你是這位父親，你有何感受呢？會不會懊悔自己對孩子過度的要求？如果生命可以重來，你會怎麼做呢？上述例子不勝枚舉。

　　不少父母在年輕時，曾有過許多的夢想或想完成的興趣，無奈因環境或種種因素，導致自己無法圓夢。等到自己身為人父母時，就要求孩子學東學西，表面也許是為孩子好，培養孩子的興趣或能力，卻有可能是自己的補償作用或投射心理。家長可能出於好意，太為孩子著想，無意間卻忽略了孩子的興趣與想法。

　　很多家長將自我的未竟夢想，放在孩子身上，期待孩子完成其夢想，這沒有對錯的問題，而是有沒有溝通與共識。未來的路是孩子自己要走的，大人的善意竟成為孩子的壓力，父母親費心安排，卻成為孩子發展的阻礙。如果真愛孩子，我們可以做些什麼，對孩子才真有助益？

　　記得家父在我小時候，常對我耳提面命，期待我將來當醫生，以光宗耀祖，這似乎是日據時代後所遺留下的觀念，老一輩的都期望孩子當醫生，從大學聯考醫科分數排名，始終高居不下，就知道這觀念仍然留存。長輩們出於關心和好意，重要的是孩子有哪些特質與才華，能成什麼樣的器皿才是重點。

你的責任就是發現孩子的天賦

　　基於恩寵，老天爺賦予每個人特別的才華與能力，父母的職責就是當孩子的教練，開發其天賦的潛能。

　　我曾修讀藝術領域中的雕塑科系，其中一門基礎且重要的課程

是素描。我深刻的印象是，每當我覺得畫得怪怪的時候，不知問題出在哪裡時，會請指導教授來指點，我原以為他會幫我修改，沒想到他卻把我叫到遠離畫架後三公尺處，距離一拉遠，我一看就知道問題出在哪裡，他會和我一起討論素描的一些觀念與技巧，我當下能領悟並且修改它。

孩子的人生猶如一張空白的畫布，孩子是自己的彩筆，父母像藝術鑑賞家，在旁指導孩子彩繪自己的人生，引領他、指導他、激勵他、讚美他，直到孩子自己完成畫作為止。你無法代替孩子完成他自己的畫作與畫中的夢境，你能做的就像我的指導教授一樣，適時的提點。

你的責任就是發現孩子的天賦，提供適合他成長的環境和機會，猶如給予具有養分的土壤和充足水分的盆栽，讓花或樹苗發芽成長。孩子在這環境中自然的成長，是父母無法控制的，因為老天爺對我們的天命自有設想，會興起環境來雕琢你的孩子。你孩子的特性猶如不同的種子，會開出不同的花朵，正如孩子會發展出其獨特的樣貌。

我家客廳前有約一坪大的小陽台，栽種一個盆栽，植物名稱我已忘記，只知道是爬藤類的植物。我把它放在左邊的角落裡，有一天我將這盆栽移動位置到另一邊去，讓它多曬曬太陽。幾個禮拜後，我發現它長得很好，但讓我驚訝的是，它的藤鬚竟然騰空，往對角線上方冷氣機平台的方向伸展過去。我感到好奇與納悶，這藤

鬚怎麼會知道，往最近距離之處，有可以攀著的地方？！

　　這讓我聯想到卡爾‧羅傑斯對人的看法及主張，他認為[01]：「只要提供成長的適當條件，人就會發展出能力，朝向建設性的成長。他堅定的指出，人是值得信任的、豐富的、有自我了解和自我指導的能力、能夠改善自己、能夠過著有效率並且有創造力的生活。個人中心（person center）的人性哲學，是假定人有朝向自我實現的本質。我們根據自我知覺到的真實來建構自己，我們被自己所知覺到的真實，激勵去拓展自我實現。」

教練式父母做法

尋得孩子天命，安置生命位置

　　在我擔任諮商中心主任職務時，當時學校有轉科系的辦法，辦法規定欲轉科系的學生，在原科系的成績要達80分以上。我認為此規定並不合理，如果學生能在本科系成績達到80分以上，代表學生有一定的學業成就，又何須轉科系呢？或學生有這個能力，但卻沒有興趣，也可能想要轉科系。

01　Gerald Corey 著，修惠蘭校訂（2009）。諮商理論與技術。頁202，雙葉書廊。

　　我建議學校修改規定，不要以分數做為轉科系的唯一評估標準，將成績調降到70分即可，同時對擬轉科系的學生，需實施性向（或興趣）測驗，並且以測驗的結果，做為轉科系的優先條件，其次才是比較學業成績（超過名額時）。

　　施測的學生也需要由輔導老師解釋測驗結果，同時釐清轉科系的動機和目的。如果學生只是為了逃避原科系的學習，就算轉到其他科系，若學習態度不對，也不見得念得好。若是學生因入學成績的關係或志趣不合，在學習上有困難，經由測驗結果顯示可能擺錯位置，我們就建議轉科系，讓學生真正能在對的位置上發揮專長。

　　有位學生拿到施測結果，經過解釋後，他一則以喜，一則以憂。我問明原委後才知，這位學生看到測驗結果與他所想的一致，若能轉科系成功，對他來說將是莫大的激勵。然而，這孩子話鋒一轉，告訴我：「就算測驗結果與他的志趣一致又如何？」因為他父親一定反對他轉系，轉瞬間他的神情變得難過又沮喪，他預期過不了父親這一關。

　　當下我做了決定，邀請這位學生的父親到校與孩子一起懇談。我將測驗的結果，及轉科系辦法規定的用意，向父親做了詳細的說明，同時讓父親知道，轉不轉科系，對孩子的未來有哪些影響。他們的決定，也會影響父子兩人的關係，鼓勵他們父子共同討論，並且做最後的決定。三方談了約一小時後，父親雖然面有難色，但總算勉強同意孩子轉科系（由工科轉商科），但也期待孩子不會後悔

自己的決定。

　　一年後，我在校園裡不期而遇的見到這位家長，我向他詢問孩子目前的學習狀況。這位父親露出喜悅的笑容，說他的孩子轉到商科之後，不僅念得很快樂，成績還是班上第一名，父親激動的向我再三的感謝，若是當時不同意，恐怕父子兩的關係會僵在那裡。

　　我對家長說：「要感謝的不是我，是你自己。」當這位父親願意放下自己的期待，尊重孩子的選擇時，就創造一個雙贏的美好結局。父親的轉念，讓孩子有了新希望，父親的同意，讓孩子找到了自己的天空。父親再三地向我感謝，若沒有當時的會談，也不會有今天美好的結果。迄今我對這位父親仍然印象深刻，這位父親做了明智的選擇，同意按著測驗的結果，尊重孩子的意願轉科系。我很感動，也會心的一笑，我常將此例，拿出來與一些家長分享，路是孩子自己要走的，給孩子選擇的機會，也讓孩子對選擇負責任。

　　教練式父母就是給孩子機會做選擇，不要擔心孩子做了錯誤的選擇，即便做了錯誤的選擇，仍然可以在錯誤中學習和成長。父母親了解孩子的個性和特質，並且反思自己的價值觀，覺察並面對自己的擔憂，學習尊重與信任所愛的孩子，他們將會盡自己最大的努力，回饋父母的愛與心意。那麼就很有機會，在孩子覓得自己的天空時，與孩子共同欣賞那一片天空中的亮光與美麗的雲彩。

教練式父母──提問與反思

- 你有注意到孩子的潛力與天命嗎？

- 當你觀察到孩子對某項事物或技能樂在其中時，你如何創造適合的環境陪伴他成長？

- 當你的期望與孩子的決定不同時，你可能會有何反應？

- 問自己：「我的期望與決定，對孩子好嗎？我如何放下自己對孩子的期望，陪孩子走一條自己選擇的路？」

第 11 章

爲什麼孩子容易放棄？

教練式父母做法：

正向鼓勵、建立自信，這件事最需要要爸媽的耐性。

　　我在大學教書生涯裡，發現不管是在諮商室裡與學生晤談，或者是在教室與學生的教學互動，或者是課餘時間與學生相處，都感受到學生們對自己非常沒有自信。原因有很多，包括父母親對孩子的表現沒有信心、學生在校的課業成績表現不如理想、求學生涯中注目的焦點永遠是課業等等。

　　別說這些學生們，我自己在大學之前的求學階段，對自己很沒自信。下面與你分享我坎坷的一段求學歷程，在此歷程中，我是如何逐漸地建立自信。

　　國中開始我就愛玩，與同學偷抽菸、偷看黃色書刊、撒野打架、向同學的媽媽騙錢。升上高中後，仍然不喜歡念書，覺得自己讀不來，也沒有興趣。對過去國中那一套逐漸失去興趣，成天就喜歡往社團跑，我的興趣很多元，我是足球校隊的隊員（位置是右翼前鋒）、在軍樂隊吹小號、加入校刊社後當上社長、書法社社長（因書法比賽得獎而成為社長）、仁愛工作隊（探訪孤兒院、關懷弱勢等）隊長，外表很風光，其實內心是很自卑的。

　　當時因為不知道將來可以念什麼科系，為此還拒絕大學聯考。但在無退路之下，被老師逼著而硬著頭皮參加聯考，志願只填寫兩個就送出去了，教務主任來找我，問我為什麼不將全部志願填上去，要求我將志願填滿，我回應：「填再多志願也考不上，有什麼用呢？！」

當時的我有一個內在的聲音：「一世人撿角」（台語：一輩子都沒出息之意）。家父當時對我說：「不讀書就去做工。」父親的失望，在當時的我，聽起來像是對我放棄了。大學聯考前幾天，我還去打球、看電影，父親氣得七竅生煙，在我回家後，氣得從背後打我，我也憤怒地賭氣離家出走，直到考完試後才回家。我自嘲成長過程是在「吃竹仔枝炒肉」（台語：挨打之意）的環境下長大。

我真的不知道我是誰？我可以做什麼？我有哪些興趣？感到前途茫茫，未來不知往哪裡走？弟弟妹妹的成績向來名列前茅（畢業時分別獲得市長獎、議長獎的殊榮），相形之下，我更顯得自卑、無用。第一次覺得自己還有用，逐漸產生自信，是一段意外的插曲。

記得小時候，我們家住在一個大庭院，裡面有三、四家承租戶，每到週末，所有的鄰居小孩，都跑到大庭院外，與外面的小孩一起玩，一起撒野，獨獨我們家三個孩子，被父親要求待在家裏，鋪報紙練習寫毛筆字。那個年代沒有什麼快樂的童年，唯一的休閒就是臨摹名家書法，如柳公權、顏真卿等。

高二那年的過年，得知三叔的書法寫得很棒，連追我三嬸的情書都以小楷書寫，看了讓我挺羨慕的，遂要求三叔教我寫好毛筆字的訣竅，三叔就教我寫隸書，練了三個小時的基本筆法，回家後練習三天，就報名參加全校書法競賽，沒想到意外得了第一名，這是我第一次覺得自己好像還有一點用處。

　　得獎後學校就替我報名參加全縣的比賽，我在絲毫沒有準備的狀況下，首次參加縣級的比賽，對我來講這真是大場面，心裡面是很害怕的。出期不意，竟然又得到全縣第二名，學校對我表揚又記功。這時我對自己又增加了一點信心，想到一句台語古諺「懶懶馬，嘛有一步踢。」我就會心一笑了。

　　半年後，我看到報紙上刊載「中日書法交流比賽」徵件的新聞，我很好奇，也很心動，但想到這是國際性的比賽，一點信心都沒有。考慮再三後，決定私下報名參加，不讓學校及家人知道，沒得獎就算了，以免丟臉。我很努力地窩在家中，足不出戶的勤加練習，第一次感受到自己的認真，一遍又一遍的練習，終於將作品送出參賽。你知道最後的結果如何？

　　這真是大大的意外與驚喜！我從報紙上看到了自己的名字，我竟然得了第三名，所有得獎作品還公開展覽。天啊，真不可思議，我樂歪了，從小到大，這是第一次感覺自己是個有用的人。學校也是看到報紙的報導後，請我將獎盃及獎狀帶回學校，再公開表揚一次。也因為得獎，同班一位立志要讀美術系的同學（現在已是台灣有名的前衛藝術家），鼓勵我和他一起考美術系。到高三畢業前，我臨時決定考美術系國畫組，才開始學習素描、水彩等，人生會轉彎想都沒想過。由於起步慢，藝術的養成哪能速成，連續考了第三年才考上，但考上的那年，分數普遍提高，最後我考上雕塑科，其實當時是有些失望的，但是，有考上總比沒考上的好。

人生的轉彎處，不能預料

在我念雕塑科系時，遇到了影響我一生的恩師（本書的推薦者之一張林海崙），因著她的協助與鼓勵，我才真正找到人生的志趣與方向，沒有昔日她的協助，就沒有今日的我。人生再度轉彎，這也是日後我能再讀大學，甚至從碩士讀到博士學位的主要原因。我一生都感激我的恩師，我們亦師亦友，迄今仍然保持聯繫，她也是我的人生教練。

我服完兵役後有幸再讀大學，對我而言是一件不簡單的事，卻也是我最努力認真的時期。大學時代，讓我有自信繼續深造，是一位身材纖細、聲音輕細溫柔的心理學老師。有次她公開在全班同學面前，對我說了一段話，她說：「你是一位反應很快、很有統整能力的人，只要願意花時間在專業上努力學習，未來的前途未可限量，鼓勵你繼續到研究所深造。」

天啊！聽到這句被公開讚揚的話，我害羞到臉紅，覺得很不自在，心裡想著：「是嗎？我是這樣的人嗎？我有能力繼續深造嗎？」哇！這可是從小到大，第一次被老師公開肯定，老師的讚美好像是一顆原子彈，其威力在我內心深處，起了重大的影響力，又好比外太空一塊超光速的隕石，墜落在大湖之中，激起了範圍極大的漣漪。更影響了我對自己的看法，建立我的信心，我很感激這位老師，沒有她的鼓勵，我大概也沒有信心繼續深造，雖然我早有再進修的計畫，她的鼓勵成為關鍵的臨門一腳。

我花了好長的一段時間，才建立起正面的自我概念與自信心。
我的成長過程讓我深深體會：**讚美是一種力量，能激發人內在的能
力，能挑起人的熱忱，能觸發人勇敢邁向不知的未來，讚美的力量
好大、好美。**我的親身經歷讓你聯想到什麼嗎？你能體會脆弱沒有
自信的內在卑微嗎？你能體會信心被建立後，所帶來的巨大影響力
嗎？

當課業競爭傷害了太多自信

建立自信對孩子而言，是一件極為重要的事情。

然而，在「孩子不要輸在起跑點上」的觀念下，父母親給孩子
高度的期許，孩子承受來自父母過度的學習壓力。什麼都不能輸，
結果什麼都輸。只要父母覺得孩子表現落後，就緊張萬分。

以百米賽跑來比喻，父母與孩子在學習競賽中的互動與關係。
孩子像是奧運選手般，站在起跑點上，等待槍聲響起，奮力向前
衝刺，以得到錦標。父母或老師，則是站在終點上搖旗吶喊：「加
油，孩子！」、「孩子趕快跑啊」、「努力一點，輸人家啦！」、「加
油啊，孩子你叫什麼名字？！」孩子在起跑點上大聲回應：「我叫
第一名」。

競賽過程中孩子落後時，父母或老師會有哪些反應？緊張萬
分，焦慮不安，還是輕鬆自在？通常是前者居多吧！我看到不少父

母的反應是，指責孩子不夠用心努力，罵孩子怎麼不會跑，怎麼會輸給別人呢？很少看到父母親在孩子落後時，給予孩子鼓勵與安慰。

　　你是否會在孩子跑了十公尺，對孩子說：「不錯，已經跑了十公尺」、當孩子又多跑了二十公尺，會對孩子說：「太棒了，已經跑了三十公尺了」、當孩子再跑到五十公尺時，對孩子說：「你很努力，只剩一半了，繼續加油喔！」這是一個陪伴的過程。

　　人生好比百米賽跑，比賽不是贏在起跑點上，而是能否達到終點。比賽不在拿第一，而是盡自己最大的能耐抵達終點，就算是最後一名，仍然值得鼓勵。我們陪伴孩子走完全程，抵達終點才是重要的。贏在起跑點，卻無法達到終點有意義嗎？蘇格拉底說：「許多賽跑的失敗，都是失敗在最後的幾步。跑『應跑的路』已經不容易，『跑盡頭』當然更困難。」

　　曾有個學生在課堂上意興闌珊，對學習沒有絲毫樂趣，某天我找他來聊一聊，希望了解他的學習狀況，他告訴我：「他國中是資優生，現在考上科技大學，又怎樣呢？」從他的感慨中，我感受到他的無力感，我也很納悶，既是資優生又怎麼會中途而廢呢？另一位朋友告訴我，父母擔心他學習落後，讓他提前入學，結果在心智等各方面尚未成熟，學習結果不如人意，他覺得自己是早讀的受害

者。

為了考上一所好大學，孩子從小學開始到高中，至少要花掉12年的時間做準備，得面臨長期的學習與競爭壓力。2001年《Development Brain Research》的腦科學研究證實[01]，人長期處於壓力，確實會使主管記憶的海馬迴神經細胞死亡，出現記憶衰退現象，學習力降低，人就變得更無自信。

德國海德堡兒童／青少年心理分析治療師荷柏格（Renate Hoerburger）針對「自信」的一段闡述，與我心有戚戚焉，引用如下[02]：

在人生旅途上只顧推開別人勇往直前，……愛吹噓，表現出掌控大局的氣勢，實際上卻經常不滿足，有錯總是怪罪別人。這是一種虛假的自信。

真正有自信的人，能自我反省，充分發揮自己的優點，而且承認自己的錯誤，心口如一，因此容易贏得別人的信任。……自信不僅代表深信自己能充分發揮，對自己的成就感到滿意，同時也需要被周遭的人接納，希望別人尊重和肯定自己的成就。當一個人的自我觀感和別人對他的印象沒有衝突時，自信就油然而生。

01 Daniel H. Pink著，查修傑譯（2006）。未來在等待的人才。大塊文化。
02 引自賓靜蓀（2003）。明確的界限——聰明父母的秘密。康健雜誌，第052期。

自信是父母送給孩子最好的禮物，愛與包容成就孩子的自信。該如何協助孩子辨識自己的能力、接納自己的獨特性、對自己有信心？德國的發展心理學家、教育工作者、行為生物學家都一致建議，要讓孩子自信、快樂的成長，同理心、清楚的界限、挑戰三大原則缺一不可。

在我教學的生涯中，有位學生從排斥自我到接納自我的歷程，令我印象深刻，我從他的身上真正體會到什麼是自信心。故事得要回到我初到大學任教的一堂課，課堂中有時我會讓學生們輪流上台寫板書，以了解他們的學習狀況。

期中考前，一位身高「號稱一五〇」的學生（意思是身高不到150公分），輪到他上台時，他在座位上猶豫了許久，才帶著靦腆的面容，站起身來往前走，鎮靜的外表，無法掩飾內在的不安，他很緊張地走到黑板前面，拿著最長的粉筆，手伸直舉到最高，又很努力地墊著腳尖，其高度只能搆到黑板下方約三分之一的地方。

他窘迫的模樣引起同學們的訕笑，在背後指指點點，嬉笑聲圍繞在整間教室。他對這樣的班級氣氛和情景，感到很彆扭與不安，神情顯得很沮喪，同學的笑聲愈大，他愈顯得侷促難安，最後狼狽的下台，課後同學給他取了個「矮子樂」的綽號（意思是你是矮子，我們大家樂）。

下課後我主動找他到辦公室來，我將我所見到的情景及我的感

受告訴他，我知道他的心情一定不好受。我問他在意什麼？他吞吞吐吐緩慢的回應道：「老師……我覺得……很丟臉。班上同學……取笑我，我很……難過。我覺得…我的…身高很矮（帶著哽咽的聲音），畢業後去……找工作，一定……一定……沒人要我。如果面試，我看……我一定被淘汰（顫抖的說著），身高……不夠高，長得又醜，很不……上相」。

　　原來他很在意自己的外貌與形象，覺得自己的條件比不過其他人。隨後我安慰他幾句，待他心情稍微緩和之後，我與他閒聊。我說：「你認識已經過世的一位名節目主持人鄒美儀嗎？」他點頭回應表示知道。我說：「大家都知道她長得很胖，透過攝影機和螢光幕，身材又顯得更胖。你有注意到她主持節目時的神情嗎？她表現得落落大方，毫不在意自己的身材，笑聲如洪鐘對吧！她會很靦腆地對著電視機前的觀眾，彆扭地說：『真歹勢，我這麼胖，還來主持節目，真是失禮，失禮』。其實她一點都不會遜色，對嗎？」他點點頭同意。

　　接著我又說：「另一個節目主持人，自嘲自己的長相，如果下起雨來了，鼻孔就淹水，他是誰？」他答道：「澎恰恰。」我再說：「還有一位藝人，長得奇貌不揚，卻很會娛樂眾人，還頗有才華，他是誰？」他應聲：「許效舜。」接著我說：「有位藝人還把別人視她為缺點的地方，拿來拍攝一支廣告：『矮仔冬瓜，矮閣矮』（台語音），是白冰冰！」

　　這些藝人們，談不上什麼俊美形象，先天條件不足，卻能在演藝圈竄起來，是非常不容易的，你認為他們是怎麼做到了呢？我請這位學生回去想一想，他**可以為自己做些什麼，來突破自己的限制**。想通了，再來找我。他帶著輕鬆的心情回去了。當時，我不知道他回去之後會如何想，我期待他能想通，做些改變。你認為這位學生會有何反應呢。說真的，他之後的反應，讓我著實嚇了一跳。

　　學期末之前，再次又輪到他上台寫板書。一開始他又略顯不安，隨後深深吸一口氣往前走，頓時班上同學一陣騷動，因為這是最後一次可以「矮子樂」的機會。他還沒走到黑板前，笑聲已經從不同的座位上發出聲響來。他拿了粉筆準備上台，此時他環顧四週，突然往教室門邊走去，拿起一張椅子，自顧走到黑板前放下，逕自站上椅子上寫起板書來。頓時之間，同學們被他突如奇來的舉動給愣住了，全班同學感到很驚訝，他怎麼會這樣呢？霎那間，笑聲震破了整間教室。

　　這位學生在笑聲迸出來後，繼續寫板書，他出其不意地，突然回身過來，朝著班上同學大聲說：「騙肖耶！矮子也有站的權利啊！」全班同學被他的舉動逗得哄堂大笑，他反倒很自在地寫完板書，從容地回到座位上。

　　下課後，他興沖沖地衝到我辦公室來，用快樂的笑容，以台語對我說：「老師，老師，從小長大到現在，今天我最爽了啦！」我也被他的模樣逗得笑了出來：「怎麼說呢？」他興奮地說：「老師，當我回頭過去講了那句話後，我突然覺得我很有幽默感耶！當我看

到同學們笑成一團，我似乎覺得同學們與我是沒有距離的。老師，我覺得身高矮不是問題，我有其他的長處，我可以做些和別人不一樣的事對吧！」我不僅點頭深表同意，也發出會心的一笑回應他。

所謂教學相長，我從這位學生的身上，體驗並學到什麼是自信。當他勇敢地接受了自己的不足與限制，真正的信心就從內在表現出來了。我為他感到高興，也為他喝采，我也感謝他，讓我從他身上學到寶貴的功課——**自信是從接納自己不完美的地方開始的，接納自己的不足是建立信心的第一步。**

如果家長能跳脫單以成績來評價孩子，就會發現在許多層面，是可以幫助孩子建立自信的，例如：學會騎腳踏車，能獨立搭帳篷、能游完一百公尺自由式、能整理自己的房間、能善待周圍的人、能當背包客獨自規劃旅遊等。當孩子能完成以上這些事情，又能**獲得父母的肯定和鼓勵，孩子就能建立自信。**誠如施振榮送給孩子的一句話：「人生的價值在於 enjoy life（享受生活），而非奢侈。」

你覺得「自卑」和「自謙」有何不同呢？「自傲」和「自信」又有何差異呢？

我個人從這位學生學到的另一個體會：自卑是明知自己的不足，卻迴避面對自己。自謙是了解自己的不足，卻勇敢面對與接受自己。自傲的人眼中只有自己，不會欣賞他人，簡單來說就是目中無人。自信的人懂得欣賞他人，也欣賞自己。自卑的人會發展出自傲，自謙的人能發展出自信。

教練式父母做法

正向鼓勵，建立自信！

　　有「台灣IT教父」美譽的施振榮和兒子都是「小時不了」，施振榮接受媒體採訪時，談到他如何面對自己及孩子的不完美。身為一位企業家，他的教育理念，不是要求孩子樣樣拿第一，也不強加自己的價值觀在孩子的身上，反倒希望從孩子的身上聽到更多的感受與創意。他的心路歷程深深感動了我，我將這段訪談內容稍加修改。他說[03]：

> 孩子在成長的過程中，十分需要信心，如果只是因為沒有考到一百分，就打就罵，長期下來，創意會不足，自信心也磨掉了，不如讓他們海闊天空地成長，依照興趣自由發展。所以，我的兩個兒子都「小時不了」，考試排名常在班上的三分之一或四分之一時，我不但不會疾言厲色，還因聽到宣輝得到大專杯吉他比賽第一名、宣麟獲得高中遙控飛機比賽冠軍，而開心得不得了！我自己也是「小時不了」，唸交大時，玩的時間比讀書的時間還長，但我覺

03　盧燕俐（2005）。施振榮：上一代若刻意打擊下一代信心，就是罪加一等。

得，「小時不了」沒關係，只要孩子的自信心還在，長大
懂事之後，自然會追求理想。

　　再舉一個令我動容的真實案例。我曾應富邦文教基金會主辦，
台南市政府承辦的社區講座，獲邀擔任主講人。最後一個場次，基
金會的執行長親自南下，看看活動辦理的成效。當天執行長從頭到
尾，坐在前排，聽完我的演講，演講結束前讓與會者提問及分享，
席間執行長也舉手表示想要分享。

　　他說他聽完我的演講，很受感動，他有感而發，也要講一個親
身經歷的真實故事給聽眾們。我摘述他的分享如后：

　　我從小學一年級，讀到小學六年級，都是全班第一名（他
　　翹起尾指比著手勢，表示是倒數第一名）。我的成績很
　　差，從來沒有進步過，都是墊底的份。但是，我媽媽做了
　　一件事，至今都讓我難以忘懷，且深深影響著我。我的媽
　　媽在每天晚上睡覺前，常會抱著我，摟著我，輕聲的對我
　　說：「孩子，你很棒，你是媽媽眼中的寶貝。」、「孩子，
　　有你真好，我知道你會表現得愈來愈好的」、「你是我的
　　好孩子，我知道你的潛力還沒發揮出來」、「親愛的寶
　　貝，有一天你的表現會讓人刮目相看的」、「寶寶，不要
　　放棄，繼續努力，媽媽永遠支持你喔！」

　　這位執行長講到這裡，帶著哽咽的聲音，激動的告訴全場的聽眾，如果沒有他的媽媽，就不會有今天的他。他是當完兵後，有機會出國進修，拿到碩士學位才回到台灣。因為媽媽對他的影響，才讓他投身在親子教育的公益事業上。

　　這是陳年往事，卻仍深深地烙印在我的腦海中。我真佩服他的媽媽，怎麼會這麼有耐心？面對成績始終墊底的兒子，在每天晚上睡覺前，說正面的話來激勵自己的孩子，她怎麼會對孩子如此地有信心？她怎麼願意花時間等待孩子未來的成就？她是怎麼做到的？我想只有愛、理解、包容、激勵及堅信吧！

　　我在日後的演講中，都會分享這段真實的故事給聽眾們。分享之後，我總是立刻詢問現場的父母親，換作是你，當你看到孩子的成績表現不如理想時，你願意花多少時間與精神來鼓勵孩子，願意等待孩子多久，六年嗎？現場聽眾搖搖頭。五年嗎？還是搖搖頭。三年或一年呢？仍然是搖搖頭。一個學期呢？不少父母說：「卡難喔！有一次就凍未條啦！」、「只要分數掉一點下來，就開始緊張了。」你呢？

　　我有位朋友，小學沒畢業，成績也都是墊底的。某次，在一個場合中，他與我們分享他小時候的學習經驗，他講了一句話，令在場的人都捧腹大笑，他說：「我讀小學時，成績都是最後第一名，但是，最後一名有一個好處：就是從來沒有退步的壓力。不像念第一名的，永遠有退步的壓力。」別小看他，他目前可是一位成功的企業家，在他的專業領域中無人出其左右。

教練式父母──提問與反思

• 我對孩子的期望或表現是否恰當？

• 我如何降低過高的標準，平心靜氣地接受孩子的現況？

• 現在開始陪伴孩子逐步建立自信，我可以做的三件事情
　是：

(1) _____

(2) _____

(3) _____

第 12 章

愛，不該是
有口難言

教練式父母做法：
在親子時刻中，情感的表達更重於說理。

　　東方文化下的父母是內斂的，有豐富的情感，卻不會表達，心中有很多的感觸，卻難以啟口，尤其是父親。父母親以能為孩子「做些什麼」來表達關懷之意，例如：接送孩子上下學、買文具或衣服給孩子、為孩子慶生、帶孩子去玩、為孩子安排老師補習。父母的所作所為，處處用心，以行動及行為表達對孩子的關愛與呵護之情。

　　上天給我們一張嘴，有兩種功能，一是「吃」，一是「說」。吃是一種本能，嬰兒一出生，不經學習就會吸吮。然而，口語表達的能力，卻需要長時間的學習。從出生到受教育的過程中，我們被訓練得很會聽，但不太會表達。父母親對子女有許多的愛意，卻很難從嘴巴說出口。表達愛意讓我們感到不自在、害羞、或覺得肉麻。不表達，不說出口，孩子怎麼會懂呢？你期待未成年的孩子能懂你的心，容易嗎？

　　如果你做錯事了，會不會向孩子道歉呢？有些父母犯錯，礙於角色和面子，死不認錯，孩子難以從父母親身上學會認錯，狡辯成了負面學習。父母願意在孩子面前認錯，需要極大的勇氣，也是謙卑的展現，這與面子無關，認錯讓孩子學習知錯能改的態度，有助於孩子勇於負責。面子高掛，讓許多父母失去教導孩子的機會。

父母也是會犯錯的凡人

　　星雲大師在《星雲文集》〈認錯，要有勇氣〉一文中，提到過一

則小故事。

> 春秋戰國時代，有一位生性固執的男子駕著馬車，往北
> 方行去，途中遇到多年的老友。朋友問他：「你要往哪裡
> 去？」這位男子回答：「我要去楚國。」朋友一臉狐疑地
> 問道：「楚國是在南方，你往北方走，是背道而馳啊！」
> 男子辯駁：「沒關係！我的馬非常優秀。」朋友無法理
> 解，又問：「即使是一匹良駒，日行千里，但方向錯誤，
> 還是沒有辦法到達目的地啊！」男子還是非常不以為然
> 地說道：「你不用費心了！我有足夠的旅費。」朋友說：
> 「你就是有再多的旅費，但路的方向畢竟是不對的，你怎
> 麼能到得了楚國呢？」朋友雖然再三告誡他，這位男子仍
> 然堅持己見，說道：「不打緊！我還有一個善於馭馬的好
> 車夫。」總之，任憑朋友如何分析解說，男子依舊執著自
> 己的理由，「死不認錯」。這就是人的愚癡，人的執著！

這個故事的啟示，固執可能來自於面子，面子掛不住，讓我們
感到丟臉，為了維護形象，我們可能死不認錯。大人都會犯錯，怎
能要求孩子不犯錯。當我們犯錯時，拿下面子與面具，表達自己內
心的感受，孩子才能學會勇於認錯。當你接受自己也會犯錯時，才
能真正接納孩子的過錯。重點不再說理或解釋，而是學會表達內在
的感受。

教練式父母做法

情感表達，重於說理！

　　家庭不單是遮風避雨之地，或身體居住之場所，家更是心靈寄託與情感交流之地。家是談「情」的地方，不是過度講「理」的地方。如果只聚焦在事物的對與錯，而沒有彼此情感的分享與交流，父母便成為說了一堆大道理判官，家成了法院或說教的地方，最後的結果是，父母贏了面子，輸了裡子。

　　為什麼許多經典的「抒情歌曲」總是膾炙人口，歷久不衰？因為歌詞的意義和文字的內涵，總能將人類最深層的心底感受抒發出來，不少人不會表達自己的情感，卻能透過抒情歌曲一吐心聲。情感的抒發與交流很重要，卻是最容易疏忽的。你有聽過「抒理歌曲」嗎？大概只有意識形態的愛國歌曲或軍歌吧！

　　什麼是剛強呢？個人的體會是，「面對自己的軟弱，就是剛強的開始！」荷柏格認為[01]，有些父母則總是擺出一副強者的姿態。父母要放下身段，在每天和孩子的對話中，應該忠於真實的自己，承認自己的無知、軟弱、悲傷及錯誤，如此不會被視為軟弱，當然也不要表現得過於膨脹。

---

01 賓靜蓀（2003）。明確的界限 —— 聰明父母的秘密。康健雜誌，第052期。

　　法國箴言作家拉羅什富科（François VI, duc de La Rochefoucauld）說：「情感是唯一永遠有說服力的演說家，它是一種自然的藝術，它的法則是絕無錯誤的。頭腦簡單而帶著情感的人，較諸沒有情感的最雄辯的人更具說服力量。」父母勇敢的表達心中的感受，特別是負面的情緒，脫下面具，拿掉面子，你的孩子會看見豐富情感的你，你的真實會讓孩子勇敢的貼近你，你的表達將成為孩子的示範。

　　或許你有口難言，或許你覺得詞窮，不知道該如何表達自己的情感，父母先覺察自己的情緒，避免將自己的情緒與孩子的情緒攪混在一起。下列一些詞彙，你可以試試看：孤單、被忽略、被拒絕、苦悶、痛苦、垂頭喪氣、痛苦不堪、哀傷、氣餒、鬱悶、疲憊、難過、憂愁、不安、擔憂、苦惱、厭惡、失望、喪氣、無助、無價值感、愚笨、興高采烈、喜上眉梢、焦躁、惱怒、厭煩、憤慨、困窘、慌亂、寧靜、安逸、快樂、喜悅、雄心壯志、樂此不彼。

　　記得家母過世後的第一年忌日，當天我的心情很難過，我的學齡前老大，看到我面帶憂傷的表情，她問我說：「爸爸，你是不是很難過」，我點點頭說：「是」，她又說：「你是不是想到奶奶？」我掉著眼淚說：「是，我很想念奶奶，我覺得很難過、很傷心。」說完這句話，她主動過來抱著我，我也抱著她，放聲哭了起來。哭了好一會，當我心情平復後，我與孩子分享我的思念之情。我覺得我與孩子沒有距離，我們一起分享心情，一起思念，我們的心情都獲得紓解。你會覺得我是個軟弱的父親嗎？

教練式父母敞開自己，勇敢對孩子表達內心的感受，只有內在深度的情感交流與分享，能建立既深且厚實的親子關係，開口表達總比悶在心裡好，當孩子有情緒時，也讓孩子學會表達內在的自我感受。

教練式父母──提問與反思

- 不管遇到什麼事，感受、覺察、擁抱自己的情緒，體會有什麼不一樣？
- 試著在說理之前，先同理及接受孩子的感受，看看孩子會有什麼反應？
- 試著坦誠揭露自我內心的情感，看看親子關係會有什麼不同？

第 13 章

管教不一 ——
讓孩子左右爲難、無所適從

教練式父母做法：

齊一管教做法，孩子才有方向可循。

有位孩子來找我，極盡委屈地向我訴說在家庭裡的煎熬困境，他在家庭中最大的困難，是父母親的管教態度不一致。父母親對孩子的課業很關心，也有所要求，希望孩子的課業表現能達到一個水準以上。但孩子每天回到家裡，父親要求他寫功課，複習和預習功課，最快晚上11點過後才能就寢。

這孩子在學校上了一整天的課，已經夠累了，每天晚上讀到9點鐘左右，就開始打瞌睡，眼皮不聽使喚地闔上，強打著精神繼續念，無奈周公找上門打盹去了。媽媽經過他的書房，看到他在打瞌睡，走過來狠狠地打他一下，吆喝他說：「讀書讀得這麼辛苦，乾脆去睡覺算了。」他聽媽媽的話，就回房間睡了。過沒一會，父親經過他的房間，看到孩子在床上睡覺，一個箭步衝了上來，用力一巴掌將他打醒，大聲斥喝著說：「現在才幾點，睡什麼覺，還不起來去念書。」

孩子無奈地起床，回到書桌上，強打著精神繼續念書，念了一會兒，周公又找上門來了，他不斷地釣魚（打瞌睡），顯得很痛苦的樣子。這會媽媽再度經過書桌，看到孩子打盹的樣，很火大的上前去，再度大聲指責，要他回房間睡。孩子聽媽媽的話又回房去睡了。稍過片刻，父親經過房間，看到孩子怎麼又在床上睡覺，相當生氣，再度打醒他，痛罵一頓後，再度趕回書桌去。

這孩子講到這裡，眼淚掉下來了，他說他很痛苦，他好像「少林寺前的大鐘」，每天像暮鼓晨鐘般，被敲來敲去，左槌右敲的，

頭都昏了。他知道爸媽的好意，但是兩人的管教方式和態度不一致，聽誰的都錯，不管聽誰的，都得捱一頓罵、一頓打，他很痛苦，左右為難。

有位大學教授，這教授爸爸管教孩子超級嚴厲，媽媽捨不得孩子受苦，對孩子特別的寬厚仁慈，希望讓孩子有喘息的空間。孩子在嚴厲與寬鬆之間擺盪，夫妻倆為管教方式也常爭吵不休，孩子只好在夾縫中生存。

這是典型的「父母管教態度不一致，造成孩子無所適從、左右為難」的窘境。管教不一致常見於父母親或隔代教養之間。不一致的管教包括教養觀念、管教方法、價值差異、金錢觀、做事的態度與方法。夫妻間管教不一致，常見一方堅持，一方不退讓，而造成雙方及孩子之間的衝突。周圍一些朋友提及此事，總見一方選擇放棄與配偶溝通，一旦孩子出現問題，管的一方卻又回過頭來，責怪對方撒手不管沒有責任。

不一致的管教可能導致孩子遊走兩方見縫插針，或讓孩子選擇性的靠邊站，也會養成孩子觀風向的態度。不一致的管教，讓孩子處在兩邊不是人，內心充滿衝突與矛盾，夾在父母兩人之間，如臨深淵，如履薄冰。**唯有一致性的管教，孩子才能安心與放心，能無後顧之憂地往前走。**

一致的父母，才有專注的孩子

　　父母親共同而一致性的作法很重要，讓孩子有清楚的方向可遵循，他們可以專注在目標上，對未來不會產生懷疑，能全力以赴，以達到目標。當家庭中不再出現雙頭馬車時，孩子的心也會安定下來，免於憂慮不安的狀態下，他們不需浪費力氣，去觀察父母親有什麼不一樣的管教動作會出現。不只是父母的管教要一致，父母親與學校老師的管教也要一致，否則也會產生問題。

　　林孜純在一項針對國小高年級學生為研究對象的研究中指出[01]，在親師管教方式的一致性上，以「管教不一致」比例最高。親師管教方法的一致性與否，對學習成就的影響具顯著差異，親師管教方式為「一致開明權威」者，其學習成就最高；親師管教方式為「不一致」者，其學習成就最低。

　　這項研究顯示，父母親與老師管教孩子的一致方法與態度，對孩子的學業成就有所影響。在你的家庭中，結束雙頭馬車的局面，讓孩子有一致可循的方向。南轅北轍的做法，將導致孩子暈頭轉向，徬徨無依，而迷失方向。

---

01 林孜純（2011）。親師管教方式的一致性對學習成就影響之研究。大葉大學管理學院碩士在職專班碩士論文。

教練式父母做法

齊一管教做法，
讓孩子有方向可循。

考門夫人著的《荒漠甘泉》有一段記載：

傳聞有位住在萊因河畔宮堡裡的德國男爵，住在樓塔之間，搭上了若干金屬線，希望這些線，因風吹拂而自然發音，成為一種類似「伊奧良」式之弦琴。但微風在宮堡之間吹過，那些金屬線沒有產生音樂。某晚，起了暴風，宮堡和附近山地都遭襲擊，男爵走到門口去觀看暴風帶來的恐怖景象，而空中正彌漫著「伊奧良」琴的弦音，蓋過了粗暴的風聲。它需要暴風來奏出音樂！我們知道有許多人，他們在平安順利的時候，從來不會奏出幽美的人生音樂來的；但是，一遭遇了狂風暴雨，就奏出悠揚絕倫的音樂來了──這音樂精美得會叫我們驚奇！

若將「風」比喻為父母，孩子接受父母合理的管教，對孩子的成長是有益處的；若是「暴風」（指不合理的管教），將會摧毀孩子。教練式父母會達成一致的共識，讓孩子有安心的成長環境，父

母親好像鐵路的雙軌，是平行且方向一致的，如此火車才能沿著雙軌抵達目的地。退而求其次，就是雙方同意依其中一方的管教作法，來帶孩子。若是父母雙方各持已見，孩子一定無所適從。

如何管教孩子，考驗父母親的智慧。古希臘詩人荷馬曾云：「決定問題需要智慧，執行時需要愛心」。在進行愛的管教時，父母必須先破除兩個重要的迷思[02]：

迷思一：父母不是孩子的朋友。

迷思二：孩子的表現，不是父母的表現。

我提供七個愛的管教觀念：

（1）管教的出發點，是為了建立孩子正面的行為，而非威嚇或責打；

（2）傳統家庭價值沒有改變，改變的是建立孩子學習歷程；

（3）讓孩子接受「責任」，而不只是接受「責備」；

（4）孩子接受管教需要溫暖，同時也要教導他們節制；

（5）管教孩子絕不口出惡言，溫和適當的表情達意孩子會明白；

（6）管教後讓孩子也有機會表達自己的看法和感受；

（7）父母管教方式一致，但態度要溫和。

02　親子天下（2009）。親師新挑戰：管教的危機。第6期。

教練式父母──提問與反思

- 父母們可以問問自己，你們的管教方式一致嗎？
- 「一致」的管教方式，對孩子有哪些正面的影響？
- 「不一致」的管教方式，對孩子有哪些負面的影響？

第 14 章

「比較」真可怕！

教練式父母做法：
放棄與人相較，欣賞孩子的獨一無二。

《富比士》雜誌前發行人邁爾康‧富比士（Malcolm Forbes）曾經說過：

> 太多人過於重視他們不是什麼樣的人，而過於輕視他們是
> 什麼樣的人。

這句話我深有體會，我的體會則從我所接觸過的個案而來，在此舉幾個實際的案例，也讓你體會一下這句話的底蘊。

有位氣急敗壞的媽媽前來訴苦，她說女兒和隔壁鄰居的小孩一起去學鋼琴。學了半年後，鄰居的小孩，已經從「拜爾第一」（琴譜），彈到「拜爾第三」，他的小孩還停留在「拜爾第一」，還在那裡「拜勒，拜勒」（台語音：意思是一拐一拐地跛腳）。也就是孩子的學習遠遠落於人後，追趕不上，這位媽媽覺得很丟臉，更氣自己的女兒不爭氣。孩子被數落，心裡也很不是滋味，母女為此爭吵不休。

一位專科學生帶著低落的心情來找我訴苦，他說：「我很不想回家，覺得在家中一點地位都沒有，被家人及家族瞧不起，原因是他是家族中唯一一位唸專科的孩子，家族的小孩個個上大學或醫學院，每次過年過節回家，他都要被數落一番，好像自己是家中的敗家子，讓他心情很不平，念專科的孩子又怎樣，不偷、也不搶，難道念專科就讓父母沒面子嗎？難道念專科就沒有出息嗎？」這孩子

氣父母氣到不想回家，一回家心情就很沮喪，因為常常被父母親數落。

一位大學生談到他讀國中時，一段刻苦銘心的親身經歷。他說國中時期，他很好玩，對讀書沒有興趣，考試常常是滿江紅（大部分科目不及格）。偏偏學校要求學生，要將成績單帶回家給家長簽名。某次段考後，這孩子考得不是很理想，心中忐忑不安，帶著滿江紅的成績，心想回家後，鐵定又捱一頓罵。硬著頭皮拿出成績單給爸爸看，出乎意料的，爸爸這次並沒有責怪他，還說下次努力一點，只要比這次進步，就會給獎勵。

這孩子喜出望外，看著父親說：「下次我一定努力，成績比這次進步。」爸爸面帶微笑回應地鼓勵他。下一次考試後，這孩子的成績，的確較上次進步了，但還是有些科目不及格。孩子心想上次爸爸說，只要有進步就會獎賞。於是帶著高興的心情回家，展示進步的成績給爸爸看。

沒想到這位父親看了成績單後，帶著生氣的口吻回了一句：「你進步，別人也進步啊！」說完了這句話，將成績單揉成一團丟在地上，頭也不回的回房間去了，留下一臉傻眼困惑的孩子。如果你是這孩子，你的心情會如何？想必深受打擊心也碎了。

一位拿到博士學位，有著正當且不錯職業的青年，是家中學歷最高的孩子，照理來說應該是很得寵愛，然而事實上卻非如此，他在家中卻一點地位都沒有，原因是這麼優秀的孩子，家族中的同

輩，全都是醫生，這是一個醫生家族，是地方上的望族，很有名氣，只有他不是醫生，好像丟了家族的臉一樣。天啊！如果你有一位能拿到博士學位的孩子，相信你必以他為榮才對，怎麼會覺得丟家族的臉呢？很不可思議對嗎？

真實生活中，我們很難迴避比較，容易陷在比較中，然而比較之後，要回來看看自己孩子的獨特性不是嗎？我們常常看到別人的好，卻忽略孩子自身的特質與優點，為什麼要我們的孩子像別人的孩子一樣？而不是別人的孩子要像我們的孩子一樣呢？如果你是那位被比下去的孩子，心情會如何？你又如何面對別人鄙視的眼光？你是那位不知不覺中，會拿孩子來做比較的父母嗎？

有沒有發現：一個家庭中成績表現不錯的孩子，常能擁有特權，除了可以獲得父母的嘉許外，還能被認可或允許去做任何事情。對於課業表現差的孩子，除了挨罵或嘮叨外，常常被禁止做一些孩子想要做的事情，這個不能做，那個也不能做，甚至被放棄不管了。

反過來想想，成績好的孩子和課業表現差的孩子，誰需要被幫助呢？你的答案也許是課業差的孩子。對，他們需要被鼓勵，被支持，找資源來協助他們跨越學習上的困難。但是，父母親在做什麼？對成績好的孩子錦上添花，對課業表現差的孩子落井下石。也許我言重了，但心平氣和地想想，我們是否不知不覺這樣做了？

孩子是獨一無二的：
孩子的與眾不同，就是他的獨特性

　　有位知名的宗教家，勸人說：「這個世界有兩種『教』不要信。一是『比較』，二是『計較』。」人很容易陷入比較，比較名聲地位，比較財富多寡，比較住在什麼豪宅，比較孩子的優異表現，什麼都要比，好像比輸人就很沒面子，比較之後就容易計較了，這是我們文化中的迷思與盲點。

　　我們都知道，手掌伸出來，五根手指頭都不一樣長，各有其功能。大拇哥最胖，但可以用來比讚，讚賞他人。二姆哥（食指）有指示的功能，可以指示方向。三姆哥（中指）長得最高，遠的東西非得靠它拿不可。四姆哥（無名指）看似無用，卻可以掛戴珍貴的戒指。小姆哥（尾指）長得最矮小，但是耳朵癢，卻得靠它挖耳朵。五根手指頭若單獨運作，所做的有限，若聯合起來可以做很多事情不是嗎？每個孩子都有獨特的地方，一定有別人所沒有的優勢。

　　記得國中時期，我最喜歡看亞瑟‧柯南‧道爾爵士筆下「神探福爾摩斯」的物證推理小說。現代真實版的李昌鈺博士，是世界知名的鑑識科學專家之一，也是我所欣賞的鑑識專家。我常被偵探（推理）小說的情節所吸引，讚嘆他們如何觀察細微的證物，將看似不相關的事物連結起來，透過仔細的推理與思考，破解詭譎案情。

　　我印象最深刻的是指紋，指紋是重要的鑑識證據之一，全世界約70億的人口，你可以看到類似的指紋，卻無法看到有哪兩個人的

指紋是相同的。這不就是說明了人是唯一且獨特的嗎？

老天爺造我們的時候，就已經在每個人的身上，設計一個專屬個人獨特的才華與能力，等待我們後天來開發。誠如愛因斯坦所言：「生命會給你所需要的東西，只要你不斷的向它要，只要你在向它要的時候，說得一清二楚。」所以**我們可以把眼光從別人身上移回自己，盡其所能地活出自己的獨特性**。如果父母能做到，就能陪伴孩子長成他最美好的樣子。

教練式父母做法

放棄比較，欣賞獨特！

「月暈效應」（Halo Effect）是指「單憑個體一方面顯著特徵為根據，即用以當作他的全部特徵，結果造成過高或過低評估的失真現象，稱為成見效應。[01]」這是一種以偏概全的主觀心理臆測，是在人際交往中對一個人進行評價時，往往因對他的某一方面特徵，掩蓋了其他特徵，從而造成人際認知的障礙。

簡言之，我們容易犯了「先入為主」的成見，認為優秀的孩子「成績好＝人緣好＝能力好＝未來的成就好」，不是嗎？反之，不乖

---

01 張春興（1989）。張氏心理學辭典，頁296。東華書局。

的孩子「成績差＝人緣差＝能力差＝未來沒有前途」，是這樣嗎？若果如此，我們就落入月暈效應而不自知，這也是許多在父母親眼中，視為乖寶寶的孩子，一旦出現不符常規（理）的行為，或異常、偏差行為，會感到不可思議或難以置信的原因了。放掉這種主觀偏見，你才能客觀地看待自己的孩子。丟棄這種成見，你才能放下情緒，看待孩子美善的一面。否則你可能會陷入自以為是，在自我陶醉的迷思中而不自知。

　　每位孩子都有他的獨特性，不管是先天的或後天的。教練式父母要對孩子的潛能，細細觀察與了解，藉由不同的方式與管道，讓孩子在成長與學習的過程中，有機會探索這些能力。我知道不少父母是以社會的價值觀，或某項職業將來能否養活自己為考量，希望孩子往這個方向做選擇。太多的擔憂在背後，有時難免忽略孩子真正的需要與能力，並可能因此剝奪了孩子一生的活力與幸福。

　　12 歲的林品彤在 2023 年第 60 屆金馬獎，以電影《小曉》獲得金馬史上最年輕的影后殊榮。私下的她喜歡看書、具有細膩的觀察力，她努力揣摩劇中過動兒角色的肢體動作與複雜情緒。她說：「我 7 歲時參與音樂劇演出，就愛上了舞台。」她必須同時專注在學業和表演興趣，想必父母是她的強大後盾，支持與陪伴她面對時間的衝突和各種壓力的調整。李安導演讚譽她是很難得的有天賦的演員，鼓勵她多受教育，和累積生活經驗，不必急著演戲。

　　親愛的父母，當你發現孩子的興趣或夢想，你是否能不強力阻

止，說等他（她）長大完成學業再說，也能不躁進地催促孩子必須馬上要有所成就或表現。你願意在學校教育中給予鼓勵，同時在生活教育中提供磨練的機會，讓孩子同時獲取知識和經驗的滋養，慢慢地從嘗試學習，到可以走在自己的天賦道路上，成為他自己？

父母的支持，是孩子達成夢想最大的力量！誰規定孩子的路該怎麼走，當孩子想要做某一件事時，你如果願意相信孩子做得到，他會努力以赴展翅高飛的！任何人無論年紀大小，只要擺對位置，就有機會達成夢想！

教練式父母──提問與反思

- 我有哪些對孩子的主觀成見（月暈效應）？將它記錄下來。
- 不論是正面或負面的主觀成見，對我及親子之間的影響有哪些？
- 我拿什麼來比較孩子與他人的差異？反省自己內在在意的是什麼？
- 如果你在意的是自己，對孩子公平嗎？
- 當你放下在意時，留意看看孩子會有什麼反應？
- 請找出孩子的獨特性或潛能，你會如何引導他加大加深這些獨特性或潛能？

第 15 章

停止言語傷害 ——
負面的話語，孩子的陰影

教練式父母做法：

糾正的作用很大——但鼓勵的作用更大。

　　周婉湘[01]以收集之台灣大學學生共317名（男124人，女193人）為樣本，讓受試者填寫負向言語開放式問卷，先請受試者圈選，是否聽過27類不同的負向言語，再請受試者針對第一部份所勾選曾經聽過的話語，進一步填答在五個發展階段，是否聽過此類話語，若聽過則舉一次印象最深刻的實例，在每一個實例中，受試者寫下父母實際說過的負向話語、當時發生的情境、聽到負向話語時的感覺、以及當時的反應。最後請受試者以五點量表評估聽到負向話語當時的傷害程度。

　　結果發現：父母在多種日常瑣事中，皆會使用負向言語作為管教手段，有多種管教的情境具有文化特殊性，且依各個發展階段中常出現之生活事件之不同，而有不同的言語管教內容。

　　父母的負向話語內容可能影響子女的反應。相反的，子女如何因應父母的負向話語，也可能再進一步引發父母不同的反應，進而衍生出不同的衝突解決模式及管教結果。

　　俗諺：「良言一句三冬暖，惡語傷人六月寒。」父母無心的話像利劍刺穿孩子的心，留下難以抹滅的傷害。雷庚玲一項有趣的研究[02]，是針對父母言語傷害孩子的調查，調查對象是針對大一新生，請他們回憶小時候的成長過程中，父母親曾經說了那些話，讓他們

01　周婉湘（1995）。父母以負向言語管教之情境及孩子的因應策略：大學生的文字回溯報告。國立台灣大學心理研究所碩士論文。
02　雷庚玲（1997）。雙親對子女的語言傷害。國科會成果報告。

覺得受傷了，一直到現在都還記得。經過統計後，父母親語言傷害孩子的九種類型為：

（1）說孩子笨。

（2）說孩子沒有用、沒出息。

（3）用粗話罵孩子。

（4）說要把孩子趕出門、叫孩子不要回來、叫孩子去死。

（5）說要把孩子丟掉、送人、叫警察或鬼抓走。

（6）用反諷式的話罵孩子。

（7）說希望當初沒有生下那麼不聽話的孩子、說懷疑自己是從醫院抱錯的。

（8）說孩子把父母的臉丟光。

（9）問孩子怎麼不多學鄰家的小孩，人家的孩子都如何又如何。

記得小時候，如果我沒有順從父母親的意思，或照著他們的要求行事，或調皮搗蛋時，他們偶而也會略帶恐嚇的語氣說：「再調皮就叫警察把你抓走」、「不乖喔，叫鬼把你帶走」、「你是從垃圾堆撿回來的」。也許是想嚇嚇我吧，要我乖乖地聽話，也許沒有惡意，但自己就會收斂一些，因為心裡真的很害怕。

德國著名、也是最重要的文學家及西方主要思想家之一歌德曾說：「糾正作用很大，但鼓勵的作用更大。」正面話語會帶來激勵，負面話語會帶來傷害。

　　你有沒有在人生的低潮中，遇見有人適時扶你一把，對你說些激勵、安慰與肯定的話，讓你在軟弱中有力量站起來，在絕望中重見希望。你有沒有被別人的話語傷害過，一直到現在都還耿耿於懷，過不去呢？

　　負面的話語也許不是故意的，但都帶來傷害，嚴重的話令人心碎。話語為什麼會有力量呢？這力量從哪裡來呢？我從科學、腦神經科學，及信仰的角度，試著詮釋背後的原因，我們一起來揭密吧！

腦神經科學告訴我們的事

　　很多年前，我閱讀過一本很有趣的書，書名是《生命的答案水知道》[03]。本書是日本量子力學專家江本勝對水的結晶，所做的一系列研究，雖然這一系列的研究仍存在著爭議，仍可提供我們一些省思。

　　他的研究是將實驗用的水，放入冷凍庫裡結冰，冷凍水拿出來在室溫下解凍，在攝氏零下五度到零度的解凍過程中，利用兩百到五百的高倍顯微鏡，拍攝水結晶變化的情形。在不同的實驗條件下（貼上正、負面的文字，對水說正、負面的話語，讓水聆聽輕快積極和悲傷憂愁的音樂，照射電磁波等），觀察水結晶的變化情形。

---

03 江本勝著，常安靜美譯（2002）。生命的答案水知道。如何出版社。

　　冷凍後的實驗水，接受不同語言（日文、英文、德文、希臘語）的正面文字，例如：智慧、宇宙、愛、感謝。拍攝下來的水結晶，都呈現繽紛亮麗璀璨的六角圖形。快樂積極的音樂如田園交響曲等，其結果如同語言文字一樣。相反的，接受負面的語言文字：「真噁心，討厭，我要殺你。」或聆聽悲傷鬱抑的音樂如：蕭邦鋼琴曲「離別」等，水結晶呈現的是支離破碎的圖形。

　　不同的實驗在1997年2月2日下午兩點鐘進行的，實驗前將江本勝桌上的一杯水先進行實驗拍攝。兩點鐘過後，由五百位散佈在日本各地的工作人員，在同一個時間，心中默想著「水變乾淨了，謝謝。」之後，再將這杯水進行同樣的實驗過程。結果顯示，實驗前的水結晶呈現支離破碎，與實驗後則形成璀璨亮麗的反差圖形。實驗結果，使研究成員都被感動得淚水盈眶。為什麼心念的力量，能夠超越空間的距離？

　　另外一個以米飯進行同樣概念的實驗。將米飯分別裝進兩個玻璃瓶，讓小學孩子，每天對著其中一瓶貼著「謝謝」文字的瓶子說：「謝謝」，又對另一瓶貼著「渾蛋」文字的瓶子罵：「混蛋」。一個月後，貼「謝謝」的米飯，仍然飄出濃濃的香麴味；另一瓶貼「渾蛋」的米飯則變黑發臭。

　　據我所知，米飯的實驗，國內幾所大學（包括我任教的大學）及小學，也曾進行同樣的實驗，實驗結果相似。這個結果對我們有正面的啟示，凡事要對人說正面的話語。

　　我有個有趣的發現：地球上海洋與陸地的比為多少？大家都知道是七比三。人體內水分與骨骼等臟器的比又是多少？答案還是七比三。假設江本勝的實驗為真，我們身上的水分又占大部分，請問：從小到大，我們是被罵長大的居多，還是被鼓勵長大的占多數？我在不同的演講場合，詢問聽眾的結果，超過90％以上的人，是從小被責罵長大的。恐怕我們身上的水結晶，早就支離破碎囉！

　　我常會邀請來聽我演講的聽眾，從當下開始，回家之後，要開始用正面話語，對待周圍所有的人，尤其是孩子們。但是不要過度期待，以為三天鼓勵之後，孩子們就有所改變，因而很快放棄了，又回到責罵的行為模式。畢竟在被罵的環境待了十幾年，現在應該要用加倍的時間，讓正面話語帶來持續的改變。

　　柯萊恩在他的人作《不斷幸福論》中[04]，說明腦部經過訓練與學習後，能帶來新的改變，可以驗證前述的說法。

> 腦部不但會由於外在經驗而改變結構，也會因為處理了自己的感受而改變。……新的經驗常會改變我們的感受。……只要我們用一種新方法去體驗或進行某件事，我們就得到了新的學習。想改變自己的感受有兩種方式：一是改變所遇到的刺激，二是改變我們感受這些刺激的方式

04　Stefan Clein著，陳素幸譯（民93）。不斷幸福論。頁17，80，97。大塊文化。

（即改變我們的腦對它們的反應）。正面情緒可以培養而得，負面情緒也可以學著控制。有意識的控制情緒是需要訓練的，訓練會再次改變腦的結構，如此循環的結果，自己的感受就變得愈來愈容易處理了。……但是改變是需要幾個星期乃至於幾年才能接受一個新的結構。

至於江本勝的實驗團隊，最後獲得的啟示是：「語言是與大自然相應的，語言不只是人所製造的，也是大自然產生的……雖然，各物種，各民族，各有不同的語言，但不同語言的背後，確有相通的心靈。」然而，有沒有更進一步的科學，可以進一步的驗證或說明呢？

我閱讀有關腦神經科學的書籍[05]，藉由腦神經科學發現，或許可以找出一些有利的證據來佐證。我將左右腦整理出一個對照表供你參考（見表6）

從對照表裡可以理解，左、右腦在語言文字上是如何發揮其功能的。但是，我有個疑惑：人類的左腦連接右手、右腦連接左手，在哪裡交叉呢？我問過許多人，有人說在心臟，有人說在頭顱內，也有人說在肩膀。總之，大家都不太清楚，包括我在內。

05　Daniel H. Pink 著，查修傑譯（2006）。未來在等待的人才。大塊文化。

表6：左右腦的比較對照

項　目	左腦：大腦新皮質	右腦：大腦邊緣系統
掌管器官	有六層構造（前額葉、頂葉、枕葉、顳葉、小腦、及腦幹），含有複雜的迴路。	包含： 扣帶迴（cingulate gyrus） 下視丘（hypothalamus） 海馬迴（hippocampus） 杏仁體（amygdaloid）
	負責掌管知覺、學習、語言、以及計算等知性層面的活動，因此又稱為「理性腦」。	和食慾、性慾等人性本能相關，掌管快樂、悲傷、憤怒等情感層面的活動又稱為「感性腦」。
主要功能	控制語言「表達」能力。擅長分析語言文字、字義、功能（文本）。	控制語言「理解」能力。專精整體思考、辨識圖案（隱喻和美感）、觀察情緒及肢體動作（背景）。
	主導說話的「內容」。解析細節。負責資訊分析。是循序、邏輯、解析的、順序的。	專注於說話的「方式」。凝聚要旨。專長資訊綜合。是非線性、直覺、宏觀的。

　　腦神經科學證實左、右腦交叉的位置大約在喉嚨，同時語言神經中樞是大腦運作的關鍵之一。喉嚨恰巧是聲帶發聲的位置，我們聽得見聲音，不是來自嘴巴，是聲帶發音使然。假使語言神經中樞受損，腦部某些功能就無法正常運作。

　　但是，前述的實驗及腦神經科學的新發現，仍然無法說明，正面語言與文字力量是怎麼來的？最後，我找到可能的解釋，來自古

老的智慧《聖經》。

《聖經》〈創世紀〉中有關創造的紀載，創造的過程讓人匪夷所思，也很有意思，所有的創造都是透過「神說（said）」。為什麼透過「說」就可以創造？我翻閱一些資料發現，「神說」這個字有「吩咐」之意。用「說」來創造，表示「從無中生有來」、「是製造或預備，是把已經存在的東西拿來，用以產生別的東西。」在希臘文和希伯來文的原意是指「將某種物質轉換成另一種物質」，這就是創造。

接著又紀載「神說：我們要照著我們的形像、按著我們的樣式造人（make），……神就照著自己的形像造（created）人，……造男、造女。」又記載：「因為，出於神的話，沒有一句不帶能力的」（For with God nothing shall be impossible）。既然神的話帶有力量，人又按照上帝的形象所造，所以人的話也帶有力量不是嗎？

這是在我有限理解中的可能答案。其他宗教的經典也紀載一些說話的原則，例如《大智度論》：「諸世善語，皆出佛法；善說無失，無過佛語。」如果能學習聖賢的語言，會說好話，就不容易招致過失了。《金剛經》裡提到，「如來是真語者、實語者、如語者、不誑語者、不異語者」，意指聖賢所說的話，都是真實的話，都是好話。說好話，隨時隨地都可以說 [06]。除此之外，也許你有更好的見地。

---

06 資料來源：星雲說偈 多說好話。人間福報 https://www.merit-times.com/NewsPage.aspx?unid=291686

　　我要強調的是，**話語的確有力量，這力量能助人也會傷人，總之對人都要說正面的話**。就如《聖經》中記載一些說話的原則：「就要禁止舌頭，不出惡言，嘴唇不說詭詐的話」、「污穢的言語一句不可出口，只要隨事說造就人的好話，叫聽見的人得益處」、「智慧人的舌頭卻為醫人的良藥。一句良言，使心歡樂。……良言如同蜂房，使心覺甘甜，使骨得醫治」。

　　哲學家蘇格拉底曾云：「在你發怒的時候，要緊閉你的嘴，免得增加你的怒氣。」不同國家也流傳許多有關適當說話的諺語，例如，西班牙諺語：「失足尚可挽回，失言無法彌補。」英國諺語：「言語傷人，勝過刀傷。」、「不必說而說，是多說，多說招怨；不當說而說，是瞎說，瞎說惹禍。」義大利諺語：「智慧是由聽而得，悔恨是由說而生。」中國諺語：「謹言慎行。」

　　另有一本書《跟孩子說好話》（*The Power of Positive Talk*）[07]，書中有超過一千則，最該和孩子說的正面肯定句。例如：在看孩子成績單時，父母說：「我們很驕傲你的努力。不管你拿到幾分，我們都愛你。」孩子犯錯時，可說：「你可以從錯誤中學習。你可以改善你要加強的部份。」當孩子恐懼時，安慰的說：「大男孩和大女孩一樣偶爾也會怕。我們可以一起幫你，讓你不那麼害怕。」

07　Douglas Bloch & Jon Merritt 著，袁世珮譯（2010）。跟孩子說好話。新手父
　　母出版社。

教練式父母做法

少用懲罰，多給鼓勵！

　　給孩子鼓勵，讓孩子有一種新的體驗與經驗，將對他們起了改變的作用。學著用「正面的話語」來消除不好的感覺。

　　多年前我在一場親職講座中，提到父母親要多給孩子們鼓勵和讚美。有位家長很不以為然的舉手發問：「老師你說，要多給孩子們鼓勵和讚美，如果我常常這樣做，孩子會不會變得更『臭屁』、更自傲？」我說：「不會。為什麼不會呢？要看你是怎麼給讚美？何時給讚美？給什麼方式的讚美？」

　　讚美孩子不是信口開河或是敷衍了事，讚美孩子是一種藝術，以下提供讚美孩子藝術的五個方法：

藝術一：敘述具體事實與行為

　　看看下面這幾句讚美的話有何差異，你能區分它們的不同嗎？

　　「你好乖喔！」、「你好棒喔！」、「昨晚媽媽忙著炒菜的時候，你（孩子）主動幫忙倒垃圾，分攤我的辛勞，你好棒喔！」、「前天爸爸要出門，你先為我叫計程車，讓我很放心的準備出門，謝謝你，你是我的乖寶貝！」前兩句讚美的內容是抽象概念，「乖」、「棒」指的是什麼呢？後兩句讚美有客觀事實和具體內容。

　　當孩子聽到你的讚美，他會接收到你的回饋，也知道你的美意，但未必能清楚知道，你指的是哪些具體的行為。若你能明確地指出，你看到孩子做了哪些事、聽到孩子說了哪些話，孩子就能清楚地接收到父母具體的事實回饋，將有助於孩子認知自己的行為舉止。例如：「前天我正忙著煮晚餐，聽到垃圾車來了，你很主動倒垃圾，減輕我的負擔，謝謝你的幫忙，你是我的好孩子。」「兩天前，你說同學遇到困難，你想打電話主動關心他的狀況，我聽到、也看見你主動關懷同學的愛心，我很欣賞你。」

藝術二：描述行為可能的結果

　　清楚地告訴孩子，他所做的行為，都會帶出正面或負面的結果。讓孩子明白這些行為結果對他自身的影響，讓他學會評估這些結果與影響。

　　例如，父母說：「如果你每天花20分鐘閱讀，一個學期下來，將累積1千6百分鐘的閱讀時間，你猜會有什麼結果呢？」、「如果你很用心地教同學功課，教他的時候也可能會遇到自己也不懂的地方，如果你把問題都搞懂了，也能教同學，這對你有什麼幫助？」

藝術三：重視過程更甚於結局

　　學習與成長是必經的過程，所有的結果都來自過程，沒有過程就沒有結局。過程中的進展因人而異，端看個人的投入與努力，過

程的長短也涉及學習事物的難易程度。父母依照孩子自身的條件與能力、特質與興趣，來評估孩子的學習歷程，不要和他人比較。光看結果，你可能忽略孩子的努力，及他所遭遇的困難；忽略過程，你可能失去及時協助的契機。

藝術四：明確指出有進步之處

看似微小的進步，也是進步，不要小看毫不起眼的進展以為是沒有用的。每天都進步一些，距離目標就愈近，因為累積小進步，會成為大進步，進步的過程是信心的累積。以射箭來做比喻，眼睛瞄準標靶的角度，與標靶是一致的，就能射中靶心。如果瞄準的角度差一點點，箭射中靶之後，離靶心的距離就會愈遠。接近圓心的夾角愈小，圓心外的夾角就愈小，誤差會跟著縮小。簡言之，就是「差之毫釐，失之千里。」

將射箭者所站的位置，到標靶的距離視為時間軸，時間軸是改變的歷程，小改變累積成為大改變。具體以客觀的數字，讓孩子更具體掌握自己的進步情形，有助於孩子逐步建立自信。

想像你要成功減肥，要你一次減十公斤是很困難的，若你縮小目標，每周減零點五公斤，依此類推，減肥較能成功。又如：父母說：「上次國文你考77分，這次考89分，進步了11分。我看到你的努力。」、「上個月你游泳的速度是一分鐘20公尺，這次你游泳的速度是一分鐘25公尺，進步了5公尺，好棒喔！」

藝術五：協助進行自我的評估

　　回饋不一定來自父母，讓孩子自己學習自我評估，從他自己的眼中看自己。例如：父母問孩子，這次的學習從一到十（一表示努力程度最低，十表示努力程度最高），你盡了多少努力？從這次的學習中，你學到了什麼？如果你達成自己設定的目標，你是怎麼做到的？你怎麼看待最後的成果？

表7：正負面話語對照表

負 面 話 語	正 面 話 語
你怎麼那麼懶惰？	你努力一些可以做得更好。
你真糟糕，怎麼亂畫牆壁？	你的創意可以用在適當的地方。
你怎麼那麼笨？	你還有進步的地方。你還有很大發揮空間。
你怎麼那麼愛說謊！	你講的不是事實。你說實話我能接受。
你真沒出息，沒有用啦！	你的潛力還沒發揮出來。
你的脾氣怎麼那麼暴躁！	你可以控制自己的脾氣。好脾氣讓你更有人緣。
你真討厭，要把我氣死啦！	你不那樣做，我會很高興。
你怎麼每件事都做不好？	你一件做得比一件好。你一次比一次更進步。
不要亂跑。	請慢慢地走。
你給我閉嘴。	請安靜聽我說幾句話。
大人說話不要打岔。	現在是我說話的時間，請聽我說。
嘴巴塞滿東西怎麼說話。	先把食物吞下去，再慢慢說。

　　試著以正面的言語來鼓勵你的孩子。請看對照表（表7），左邊的話語充滿著評價、論斷、否定、指控、標籤式的語氣。右邊改以正向鼓勵的語氣對待孩子。如果你是孩子，聽到這兩種不同的說法，會有什麼不同的感受？

教練式父母──提問與反思

- 想想自己對孩子是正面或負面的話語多？
- 你常說的正面話語有＿＿＿＿＿＿＿＿＿＿＿＿＿＿＿＿
- 你常說的負面話語有＿＿＿＿＿＿＿＿＿＿＿＿＿＿＿＿
- 如果你用負面的話語對待孩子，他的反應會如何？
- 負面話語如何影響你們的親子關係？
- 試著用三句話來鼓勵孩子，用真誠而非敷衍的態度，看看孩子有何反應？
- 給你自己幾句肯定與鼓勵的話，因為你即將展開行動。

第 16 章

管教爲何失焦？——
當你總是
忽略優點、放大缺點⋯⋯

教練式父母做法：

正視你孩子的好。對他多做些引爆正向力量的事。

東方文化下的父母，常認為孩子「做對事」是應該的，「做錯了」是不應該的。孩子做了十件事情，其中九件事情做對了，不會給鼓勵，那是「應該要做對的」，另一件做錯了，可是會被拿來大做文章，指責一番或痛罵一頓了。相較之下，西方人教育孩子，孩子做了十件事情，只做對了其中一件，他們會大大鼓勵孩子做對的這件事，進而激勵他們去嘗試，將錯誤的九件事作對。

父母的愛，為何到達不了孩子內心？

我的意思不是認為，西方的教育比東方的教育來得優越，東、西方的教育有各自的優缺點。我僅就這點而言，東方父母容易忽略孩子的優點，或擴大孩子的缺點。父母親常拿「放大鏡」來檢視子女的錯誤，卻用「顯微鏡」來忽略孩子的優點。檢視別人的錯誤很容易，讚美別人的優點不容易。

有個孩子來跟我訴苦，不管他多努力，父母親總是認為他偷懶，不夠積極，永遠嫌他努力不夠。另一位孩子來抱怨，我事情都還沒做完，父母親就嫌東嫌西，一直認為我做不好，沒辦法完成。又一位學生來哭訴，他永遠沒辦法達到父母親的期待，因為父母的要求很高，就算他努力做到了某一個水準，還是被嫌棄或挑剔。還有一位學生委屈訴說他的不滿：「我的爸爸媽媽，口口聲聲說愛我，都是為我著想，為什麼我不斷的被罵，我一點都感受不到他們愛我，這是哪門子的愛！」

這些都是我過去遇見過的真實案例，我不禁感到納悶，父母親的愛，為何到達不了孩子的內心？父母親的關心，為何成為孩子的壓力與負擔？反過來想想，有哪位父母是完美的？有哪位父母不會犯錯的？不完美的父母，卻要求孩子要完美？！會犯錯的父母，卻要求孩子不能犯錯？！這有道理嗎？父母的愛要被孩子感受得到。我相信父母都是深愛孩子的，希望孩子在激烈的考驗中脫穎而出，這份心值得敬佩。若因為嫌棄孩子，而讓孩子感受不到你的愛，是非常遺憾枉然的。

與其詛咒黑暗，不如點亮燭光。**父母親若是常常針對孩子的缺點嚴加指責，長久下來，孩子會逐漸失去自信心，難以建立良好的自尊與自我形象**。不少心理學的研究指出，能否接納他人或被他人接納，尤其是有影響力的他人，與自我概念的建構息息相關。自我接納與能否接納他人，及被他人接納之間，有絕對性及顯著的關聯性，亦即與社會調適能力有關聯。

青少年心理學的研究中，有個「自我跛足」（self-handicapping）的概念，值得家長省思與警惕。自我跛足即指個人在面對威脅情境時（例如父母的責罵，老師的嚴格要求等），為了避免失敗損及尊嚴，而故意造成障礙或陷自己於不利情境的行為。

米奇利和烏爾旦（Midgley & Urdan）的研究指出[01]，學生可能會

---

01 Midgley, C., Anderman, E., & Hicks, L.（1995）. Differences between elementary and middle school teachers and students: A goal theory approach. *Journal of Early Adolescence*, 15, 90-113.

藉由拖延、故意不努力、及縱容別人，來阻礙他們自己的學習、及使用其他自我挫敗的策略，將表現不好的原因，推卸給情勢使然，而非自己缺乏能力。另一份由米奇利、阿倫庫瑪爾和烏爾旦（Midgley, Arunkumar & Urdan）等人的研究指出[02]，青少年會運用自我跛足策略，以作為成績不好的藉口，經常延誤功課，在班上遊手好閒，為成績不佳找藉口。

這兩份研究報告，提醒我們孩子不是不努力，孩子不是不想做好，父母親雖然出於善意，但方法不對，將適得其反，成為孩子的一個藉口或理由不做好。

有誰不喜歡接受他人正面的鼓勵或肯定？有誰不喜歡從別人的口中，得到正面的回饋？有誰不喜歡自己的優點被看見？試著用「放大鏡」看優點，不要用「顯微鏡」挑剔缺點，這不意味著我們要輕忽錯誤或忽略缺失。

正視自己的優點，巴金漢和克里夫頓（Marcus Buckingham & Donald O. Clifton）有獨到的看法[03]：「不把力氣花在矯正自己的弱點，而是找出優點，……試著找出自己最強的部份，透過練習與學習加

02　Midgley, C., Arunkumar, R., & Urdan, T. C.（1996）. If I don't do well to-morrow, there is a reason: Predictors of adolescents use of self-handicapping strategies. *Journal of Educational Psychology*, 88, 423-434.
03　Marcus Buckingham & Donald O. Clifton 著，蔡文英譯（2011）。發現我的天才—打開34個天賦能力的禮物，頁20，24。商業周刊。

強。……唯有了解自己做某件事時能週而復始、樂此不疲並表現傑出，才稱得上是一種能力。唯有將能力發揮到極致才能脫穎而出，而不是去改善弱點。」

教育部自2010年開始推動「校園正向管教工作計畫」，該計畫著重在於透過專業成長，增進全體教育人員正向管教之知能；透過肯定、鼓勵、正向心理等課程研習及訓練，學習覺察與控制情緒；並藉由各種策略推動，加強對學校師生宣導正向管教政策，達到杜絕體罰之根本目標，獲得不錯的成果。

在愛的教育網上公布許多正向輔導案例，屏東縣某國小詹老師輔導一名經常有口角、肢體衝突的學生，老師採取不溯及既往、重新看待學生，先是用「優點大轟炸」的方式，增加學生的自信心，再用「價值澄清法」，慢慢幫助他反省自己的行為，並請他擔任愛心小天使幫助同學，漸漸和同學打成一片，也能控制自己的脾氣。

教育部的做法，就是要教師看待學生正面的優點，值得肯定。盼望這項做法由學校教育開始，逐漸擴及每個家庭。如果老師及父母雙管齊下，發掘孩子的優點，並正視這些優點，我們的孩子肯定有不一樣的表現。

教練式父母做法

正視優點，引爆正向驅動力！

在黑暗中點燃一根小火柴，可以看見微弱的亮光。聚合許多小火柴，將可看見更大的光芒。每看見一個孩子的小優點，猶如點亮一根又一根看似不起眼的火柴，但在孩子的心靈中卻是無限的亮光。

美妙的樂章聽來很動人，樂譜上的音符在五線譜上，起起落落的飄揚出悅耳的旋律。多數人可能只注意高低音符、節拍與節奏，卻忽略了休止符。休止符代表一段節奏的停止，也橋接另一段節奏的開始。休止符看似不起眼，卻很重要。想想看，沒有休止符的樂章，旋律與節奏會變成什麼樣呢？

休止符好比孩子的小優點，多數人可能不以為意，或者壓根兒就忽略它。現在開始，我們不僅要正視休止符的存在，更要正視孩子的微小的優點。父母親若能穿透孩子看似不成熟的外表或缺失的行為，直入孩子的靈魂深處，**從父母的心靈之眼，深入感知孩子內心，自然會啟動愛**，那麼孩子在父母的眼中，一切都是美好的存在，親子之間會有深度的連結。

如果能夠這樣的正視，就能帶著對小生命的尊重，與對純真孩子的信任，加上不批判與論斷的態度，我相信這會在孩子的心靈深處，產生極大的生命力量，讓孩子與美好的自我相遇，這種生命的

驅動力，會由內在的轉變，轉化成外在的改變。孩子會因「愛」而改變，不會因「無理要求」而改變。

教練式父母──提問與反思

- 你能找出孩子身上有哪些看似不起眼的優點嗎？
- 試著利用一周的時間，找出孩子的三個小優點，將他記錄下來。
- 以各種方式（當面說、或寫紙條、或傳簡訊），將三個小優點具體的回饋給孩子，看看他們會有什麼反應或小改變？
- 當你對孩子表達回饋之後，你會有哪些感受？

第 17 章

孩子不愛上學，
怎麼辦？

教練式父母做法：
區辨缺課行為的涵義，聚焦發展潛力。

有些孩子不喜歡上學，讓父母親感到頭痛，父母親連哄帶騙，要孩子上學，即使孩子被勉強上學，對學習仍是興趣缺缺。有時孩子會以身體不舒服為理由，拒絕上學。不少父母表示，他們無法理解孩子為什麼不喜歡上學？

一般發生的三個主要的年齡層：5～6歲剛上學階段：在小學的階段雖然小孩子會拒絕上學，但是父母多半能強迫他上學。11～12歲由國小剛上國中階段：拒學的情形，男女發生的機會相當，沒有特別的社會文化差異性。15～16歲國中上高中階段：上國中以後學生可能不聽指令，拒學情況較難糾正。目前拒學症兒童的數量，大約是一般國中小學生的5％。[01]

什麼是「拒學」（school refusal）、「懼學」（school phobia）、「逃學」（truancy）、或「中途離校」（school dropout）？我想許多父母也分不清楚吧，讓我簡述這些概念讓你更清楚其間差異。

（1）**拒學**：指學生對上學存有強烈的害怕和焦慮，而持續性地拒絕到學校。

（2）**懼學**：懼學的恐懼反應，與學校的某種特別狀況有關（害怕某位老師、被要求上台報告、被同學欺負等）。

（3）**逃學**：指學生沒有任何正當理由、或是未經家長、監護

01　鄭麗月（2009）。拒學症學生的認識與輔導。國立台北教育大學。

人、教師同意，且未辦理請假手續，即任意離開學校一段時間。

（4）**中途輟學**：指任一階段中的學生，在未修完該階段的學程之前，因故提前離開學校。

一些資料顯示[02]，拒（懼）學與逃學是不同的，我整理成一個對照表（見表8），藉以供父母們參考。如需專業協助宜提早處理及防範。

不上學，原因很多！

請記住，不要以「上不上學」來評斷你的孩子，例如：「你就是不想上學，所以假裝肚子痛」、「你就會編理由不想上學」（指控式）、「你就是不想念書藉故逃避」（論斷式）、「你不想上學，就表示你不努力」（標籤式）、「你不上學，以後就輸給同學」（恐嚇式）、「你不上學，以後怎麼比得上人家」（指責式）、「你不想上學，以後通通不要去好了」（反諷式）。

不管你的孩子是什麼原因而不去上學，請留意有否其他的原因，例如：

（1）生理因素：有沒有生理上的問題，感冒、疼痛、生理期、

02　孟瑛如、吳東光、詹森仁、簡宏傑、黃莉雯、謝瓊慧。拒學症。有愛無礙網站http://general.dale.nhcue.edu.tw/special/special-5-14.html。鄭麗月（2009）。拒學症學生的認識與輔導。國立台北教育大學。仁愛醫院。拒學症。

表 8：逃學與拒學的差異

項目	拒學	懼學	逃學
發生 原因	內在心理困擾：被要求上學時會經歷無法抵抗的焦慮。 年紀小、依賴性大的兒童居多。與幼年分離焦慮的持續有關。 可能為行為或心理的問題，但也或許是由心理問題轉變為行為問題，甚至兩者同時存在。	心理上的問題：對學校的人事物產生恐懼、個人的焦慮。 只會在上學才發生，在不上學時就無明顯狀況。	由外在因素造成，似有合理的理由：討厭老師或對學校不滿。 行為上的問題：對學校不滿、想到校外從事有興趣的事。
學習 表現	中等智力及中等學業成就。	智商與學業大約中等表現。	學業成績通常低落。
身心 症狀	有或沒有身心症狀都有可能，但也或許會假裝身體不適。出現對身體的抱怨：胃痛、反胃、頭痛、冒冷汗、心悸、通常檢查不出生理上的毛病。 在家時一切恢復正常。	伴隨身心症狀的出現。 肌肉緊張、呼吸不順、臉色蒼白、頭痛、胃痛等，然而這些症狀並無身體上的病因。	無身心症狀。上學前沒有生理症狀。 特徵：有生理、心理及情緒障礙，學習困難，不良的自我意像，人格衝突，無故缺席或遲到，缺乏社交技巧，缺乏成功經驗，結交不良朋友，有非行及犯罪傾向。 常與偷竊、說謊、在外遊蕩、破壞行為或犯罪等行為連結。
外顯 行為	通常沒有行為脫序問題。 可能是行為偏差或品行良好的學生。帶有強迫性傾向。屬於情緒問題。	通常為品行良好、成績中等以上的學生。	通常出現在有行為問題的學生身上。反社會或外向性的行為問題。
可能 去處	不上課會待在家裡或外面。	不上課會待在家裡。	逃學後很少待在家裡，大多是尋找外面的刺激。
家庭 關係	父母知道孩子沒去上課，也知道他在哪裡，或者父母不知道孩子沒去上課，也不知道他去哪裡。 家庭大多完整，家長過度保護，親子過份依賴。	通常父母對孩子的就學狀況有所了解，也知道孩子待在家中沒去上課。家庭大多完整，家長過度保護，親子過份依賴。	通常父母疏於關心孩子，不知道孩子沒去上課，也不清楚他去哪裡。 較會出現在破碎家庭。多為親子衝突、家庭不合諧、家長疏於管教或不一致管教、體罰等。
診斷 類別	無 可能來自分離焦慮	在 DSM-IV 中，屬於分離焦慮的症狀之一。	在 DSM-IV 中，屬於品行疾患的症狀之一。

內分泌失調、壓力的身體反應等。

（2）認知因素：害怕考不好被同學笑、不如同學或自卑的想法、自信心不足的想法。

（3）情緒因素：負面情緒、不敢或害怕表達感受。

（4）行為因素：不小心犯錯而不想到校。

（5）同儕因素：同儕之間的競爭或衝突、同儕關係不佳或人緣不好，可能遭遇霸凌的威脅。

（6）情境因素：不喜歡班級座位安排、學習氣氛等。

（7）家庭因素：親子衝突、負氣不上學等等。

對症才能下藥，忽略不上學的可能因素，單憑上不上學的行為，檢視你孩子的學習狀況，是否會有偏失呢？

我以手錶或時鐘來比喻。你從時針、分針及秒針，知道現在幾點鐘，是因為鐘錶的運作正常。一旦鐘錶故障停擺，時間停格，你就不知道現在的時刻。鐘錶出了問題是時針、分針及秒針的問題嗎？鐘錶表面上你看到的是時針、分針及秒針（好比孩子的問題行為），但故障的地方，卻是你看不到的鐘錶表面下的問題（前述生理、認知、情緒、同儕等等）。要讓鐘錶恢復正常的運轉，是要調撥時針、分針及秒針嗎？還是打開錶面，看看內部的構造，是機械故障、彈簧疲乏了、還是電池或潤滑油沒有了，或是其他的因素。只要找出原因來加以排除或修復，鐘錶是不是就恢復正常的運轉。

教練式父母做法

區辨缺課行爲的涵義，
聚焦發展潛力！

　　有位國三的孩子，經常性的缺課，有被學校通報為中輟生之虞，父母親為了這個的問題傷透腦筋，學校輔導室也介入處理，但這孩子仍然斷斷續續地不到校。父母因擔心孩子課業落後，甚至畢不了業，為此親子間常常起衝突，父母親每天早上為了叫孩子起床而費盡心思，反之孩子每天被父母親嘮嘮叨叨，感到厭煩且情緒不佳。

　　這孩子的父母百般無奈地來找我，尋求解決之道，讓孩子回到學校。我欣然同意與孩子見面，但前提是孩子自己有意願來與我晤談。假定你是父母或老師，會不會將注意力放在孩子「起不了床，上不了學」的負面行為上？過了兩週之後，父親來電表示孩子願意來與我見面。

　　我在約定的時間與孩子晤談了一小時，晤談結束前，他自己說：「要回學校」。教練晤談過程中，我完全沒有提到無法起床、遲到或缺課的行為，或者與父母親之間的衝突。你猜猜看，是什麼關鍵讓孩子主動表示願意回到學校？

　　我將整個對話過程簡略地記錄下來，請你看看，同時體驗什麼是「教練會談」的方式，請你檢視整過程，看看教練是怎麼說的？

教練的用字遣詞有哪些涵義？教練對話的意圖有哪些？教練是如何引導孩子思索自己的未來？教練晤談帶來什麼結果和影響？以下對話的逐字稿內容中，C：代表教練；E：代表受教練者（孩子）。

C1：很高興看到你，請坐。

E1：（笑笑，點頭，未回應）

C2：你知道今天來這裡的目的嗎？

E2：（笑笑，點點頭回應）大概知道吧！

C3：你是自願來的，還是爸媽強迫你來的？

E3：都有吧（靦腆的回應）。

C4：你也願意來囉！

E4：嗯。

C5：聽媽媽說你最近在學作麵包。

E5：嗯，對。

C6：你喜歡作麵包嗎？

E6：算吧（點頭示意）。

C7：你喜歡作哪一類的麵包呢？

E7：就是……不知道怎麼說？

C8：中式還是西式麵包？

E8：西式麵包。

C9：點心類還是飲食類？

E9：點心類的。

C10：你喜歡作哪一類點心？

E10：就是……（一下子說不上來）

C11：我們到旁邊的甜點區去看看，你指給我看。（我們一同起
　　　身，邊說邊走）

E11：好啊。

〈一陣比手畫腳，短暫交談後回到座位。〉

C12：聽起來很有趣，感覺你對做麵包和甜點很有興趣。

E12：對啊！（臉上泛出喜悅的笑容）

C13：如果你從現在開始學，幾年後你出名了，我就可以吃到好吃
　　　的麵包囉！

E13：希望吧！

C14：你聽過吳寶春和他做的麵包嗎？

E14：嗯，聽過。

C15：如果有一天你也成為吳寶春第二，那就不得了啦！

E15：沒有他那麼厲害（害羞地回應）。

C16：你怎麼知道你不會成為吳寶春第二？

E16：（睜大眼睛看著我傻笑）

C17：我有朋友訂了吳寶春的麵包送我，但是半年後才拿到，可見大家很喜歡他作的麵包。你認為他是怎麼做到的？

E17：很努力吧！

C18：當然很努力。當時他只有國中畢業，卻能贏得世界麵包比賽冠軍。聽說他為了媽媽下了很大的苦功。更令我佩服的是，他得了冠軍之後，還將秘方公開，一點也不藏私，還將經驗傳承下來。我不只嚐到他做的麵包，還看見他的氣度。試著想想，如果你要成為麵包界的頂尖人物，要做哪些準備呢？

E18：努力做麵包吧！

C19：怎麼說呢？

E19：了解作麵包的方法。

C20：具體來說是……

E20：知道使用哪種麵筋，掌握發酵的原理和時間，烤麵包的溫度與時間的控制。

C21：哇，聽起來很有概念。這些是你現在在學的嗎？

E21：對啊！

C22：這些需要學多久呢？

E22：大概好幾年吧？

C23：要到熟能生巧的確是需要一些時間。你認為只要做好麵包就好了嗎？

E23：是啊。

C24：如果要像吳寶春一樣，只要作好麵包就好了嗎？我知道他的桂圓麵包還有其他有名的麵包，為了要找好的食材，全省跑透透，就為了找到最有品質的原料，所以需要常常往產地跑，不只如此，不同地區生產的相同原料，會因氣候和緯度高低，而有所差異，他還要作比較。我看到他的用心與努力。你知道作麵包要使用哪一種麵筋嗎？

E24：知道。

C25：你知道哪個國家的麵粉做得最好嗎？

E25：嗯……（有些遲疑地笑）

C26：目前全球氣候暖化加上極端氣候異常，可能原物料的生產都會受到影響，對嗎？當你挑選麵筋的來源，這與你學校所學有關嗎？

E26：有。地理嗎？

C27：對啊。製作麵包需要考慮成本嗎？每個麵包的品質都要一樣，需不需要控制不同原料的量和比例？發酵時間的掌握和控制，烤麵包的溫度和時間要控制，這些與你學校的哪些科目有關？

E27：數學。

C28：很好。麵包做好了，如何吸引顧客來買呢？要不要取個好聽的名稱？要不要取個悅耳動聽的好店名呢？這又和你所學的

哪個科目有關呢？

E28：國文。

C29：太棒了。盛裝麵包也需要適當而漂亮的擺盤，店面的布置需要有美感和氣氛，才能吸引顧客上門，這又跟什麼有關呢？

E29：美術課。

C30：吳寶春必須要很努力才會有今天的成就。學歷高低是一回事，有專業能力很重要對吧！如果你要像吳寶春一樣，至少也要國中畢業，若你連國中都沒有畢業，等同於小學畢業或拿到國中同等學歷證明，假如你想跟著吳寶春的路走，那也很好，只是你必須要比吳寶春加倍再加倍的努力才行，對嗎？

E30：（點頭示意）

C31：我很期待吃到你做的麵包，就算是學習中的麵包我都想嘗試，哪天有多的麵包記得留給我喔！

E31：好！

C32：你現在可以做什麼，才能一步一步地走向吳寶春第二呢？

E32：回學校。

C33：嗯，你說什麼？再說一遍。

E33：回學校。

C34：你的意思是說不要再缺課，回到學校去。

E34：嗯。

C35：哇！聽起來是一個很明智的選擇。

E35：其實回學校就看我願不願意而已。

C36：你是說，只要你願意就可以做得到是嗎？

E36：對啊！

C37：這是你對自己的承諾。

E37：嗯。（點頭示意）

C38：太棒了。那你打算什麼時候回學校？

E38：過兩天學校有運動會，我那個時候會回去。

C39：怎麼說呢？

E39：這樣才不會太突然。

C40：考慮得很周到。什麼時候讓我知道你回去學校的狀況呢？

E40：嗯，下個禮拜。禮拜五晚上，我讓你知道這禮拜的情形。

C41：好。但不是為了要向我報告，而是實踐你對自己的承諾。

E41：嗯，好的。

C42：有我的電話嗎？

E42：有，爸爸那裡也有。

C43：好，下週等你電話。今天就談到這裡好嗎？

E43：好。

　　看完這段對話，你看到了什麼？感受到了什麼？你學到了什麼？這與你平時和孩子的互動有何不同呢？你能領略到，不須耗費太多力氣，就能輕鬆和孩子對話嗎？你還需要耳提面命，費盡唇舌來說服孩子回到學校嗎？

　　我的教練方式是聚焦在孩子的潛力上。教練對話中，我注意到孩子對做麵包很有興趣，同時感受到他對做麵包的喜悅與熱忱（C5～E12）。談到吳寶春是靈機一動而來的，以吳寶春作為例子來激勵孩子作為教練目標，從中讓他看到未來的夢想與願景（C14～E18），並引導他去思考製作麵包過程中所需要的知識，連結到學校的學習（C24～E29），鼓勵他（C30～C31）必須付出的努力。教練過程中，擴大他的思考範疇（C23～C24），也從願景中檢視現實的狀況（C32），帶出選擇與行動（E32～E38），選擇回到學校（E33）。

　　最後，我確認他對自我的承諾（C40～C41）。

　　有人逼迫他嗎？他說：「回學校就看我願不願意而已。」（E35）可見激發起他內在的動力與熱忱，就會帶出行動力來。你認為我應用哪些教練原理或方法呢？換作是你，你會怎麼說，怎麼做呢？試著在你的生活中，實際應用看看，或許有出人意料的效果喔！記下讓你有感的一些對話，加以揣摩和體會，你會感受到教練式對話的神奇力量。

教練式父母——提問與反思

- 你能了解並區分拒學、懼學、逃學、中途輟學有何不同嗎？

- 如果你的孩子有拒學、懼學、逃學、中途輟學的其中一項，你如何協助你的孩子？有哪些資源可以連結與運用？

- 看了上面的實例，你能了解教練的方式與對話嗎？換作是你，你會怎麼應用？

- 試著與孩子來一段教練式會談，看看孩子會有什麼反應？親子關係有何變化？

第 18 章

孩子網路成癮到六親不認，
怎麼辦？

教練式父母做法：
跨越衝突矛盾，建立更健康的行為模式！

　　突然有一天你注意到，當你呼喚孩子時，他正在電腦或手機上玩遊戲而渾然忘我，無暇回應你時，剎那間覺得孩子似乎已沉迷在網路世界。你是否開始擔心孩子過度使用眼睛造成視力的問題？擔心睡眠不足影響身體健康？擔心課業落後影響學習與發展？憂慮產生人際疏離而無法融入團體生活？頭疼如何教育孩子安全、負責地使用網際網路和數位科技？的確這些都令為人父母產生許多擔憂，或可能會感到無助，不知道如何應對孩子過度投入網路世界？擔心孩子的未來，是否能夠克服過度上網，健康地成長和發展？父母可能認為有責任需要採取行動，幫助孩子擺脫此行為，但同時必須面對孩子要求隱私權和自主權，在其間難以適切地拿捏與平衡，進而產生諸多矛盾與衝突？

　　網路時代的興起，改變速度最快的即為資訊通訊科技（ICT），加上大數據、人工智慧（AI）、物聯網（IoT）、圖形處理單元（GPU）、第五代行動通訊網路（5G）、商務交易電子化及 Chat GTP 等新興科技的不斷進化，再加上 2020 年的新冠疫情，對我們的生活產生衝擊性的影響，帶來了便利性（蒐集資訊與學習更快速、居家辦公、網路購物、線上學習等），也產生了負面衝擊（宅家時間增加、實體人際互動減少、上網時間增加、線上學習效果遞減、資訊氾濫的焦慮不安、假訊息充斥、網路詐騙增加等）。

　　所謂冰凍三尺非一日之寒，形成網路沉迷或網路成癮是一段歷程，可能早有徵候，只是父母沒有察覺或疏忽。我們的孩子出生時，就身處在數位時代。當孩子小的時候，我們會為了不讓孩子哭

鬧，或因忙碌無暇照顧孩子，而拿平板、手機，讓他靜靜地把玩嗎？這樣也許可以讓我們度過下班後還必須忙公務、家事或與朋友聯絡，甚至我們只是想要好好地休息一會兒，況且通常我們不需要怎麼教孩子，他就會自己慢慢上手。手機保母、數位保母的出現，讓我們可能已靜悄悄地養成孩子透過3C產品上網了，當我們驚覺孩子可能已經沉迷或成癮，好像僅是一轉眼間的事。

由網路沉迷到成癮之路

孩子們對手機、網路的需要與依賴遠超過家長們的成長年代，當孩子已養成上網習慣時，家長該怎麼辦？家長首先要釐清網路沉迷和成癮兩者之間的差別，才能判定並幫助孩子。這兩者之間的主要差異在於影響的程度和控制能力之別。

「網路沉迷」通常指一個人對於使用網路表現出過度的熱愛，花費大量時間在網路上，可能導致忽略了日常生活的其他方面，如學業、工作、家庭或社交生活。沉迷會對生活造成負面影響，但未必達到成癮的程度，可能還有控制和修正的機會。網路沉迷通常不被列入精神疾病的診斷標準中，但它仍然成為一個值得關注的問題。

「網路成癮」是一種比沉迷更為嚴重的狀態，通常包括對網路無法控制的渴望，失去對網路使用的自我控制能力，導致生活的多個方面受到嚴重損害。網路成癮可以被視為一種「行為」成癮，類似於賭博成癮或遊戲成癮，對個人的生活影響更加深遠，可能導致嚴

重的生理、心理和社交問題，並且難以自行控制。網路成癮在某些
國家和地區被納入精神疾病的診斷標準，可能需要更專業的治療和
支持，包括心理治療、藥物治療和家庭治療等。

　　葛羅霍爾（Grohol, 2005）認為[01]，網路使用者在遇到新的網路
活動時會經歷三個階段：第一個階段是**著迷**（Enchantment，Obses-
sion）：投入大量時間以探索與適應新的網路活動；第二個階段是**醒
悟**（Disillusionment，Avoidance）：隨著熟悉與適應網路活動，使用
量逐漸降低；第三階段是**平衡**（Balance，Normal）：能夠以合宜與
正常的時間使用網路活動。他認為大多數的人可都可以發展到第三
階段，而少數人則會停滯在第一階段而需要他人的協助。

　　當父母發現孩子沉迷或上癮，常慌了手腳，在不知所措之下，
可能會以父母權威者的角色，立即斷網或完全禁止使用，立意之處
是為了保護孩子繼續深陷其中而做出果斷的要求。然而，此作法容
易引起親子之間的緊張關係或衝突對立，對問題解決沒有幫助或改
善。與其擔憂或生氣，不如先積極認識網路沉迷的現象或成癮的症
狀、形成的原因及其影響，再學習問題解決的對策與實際作法。

網路沉迷不只是行為，嚴重者將出現成癮徵兆

　　「凡事都可行，但不都有益處。凡事都可行，但不都造就

---

01 Grohol, J. M.（2005）. *Internet Addiction Guide*. 資料來源：http://psych-
central.com/netaddiction/

人。」[02] 身處網路世界，搜尋專業資料或習得專業知識，有其正向功能與影響。反之，過度使用網路不只造成嚴重問題，甚至被視為一種疾病，近代有幾個主要的疾病認定和診斷出現，分別是「網路成癮症」、「網路遊戲疾患」和「遊戲成癮」。

「**網路成癮症**」（Internet Addiction Disorder, IAD）一詞在1995年由葛爾・柏格醫生（Ivan Goldberg, M.D.）在美國精神醫學學會（American Psychiatric Association, APA）出版的精神疾病診斷與統計手冊第四版中（The Diagnostic and Statistical Manual of Mental Disorders, DSM-IV），比照對病態賭博（pathological gambling）的定義提出有關病態上網的理論，強調診斷準則以及互斥性原則。

「**網路遊戲疾患**」（Internet Gaming Disorder, IGD）隨後在2013年第五版（DSM-V）列在第三篇中，屬於值得密切注意的臨床現象，嚴重到足以影響個人、家庭、社交、學業、工作或其他重要方面。持續且反覆地投入網路遊戲，通常和其他玩家一起，導致臨床上顯著的功能損害或痛苦的嚴重缺失。診斷條列出九項症狀，若一年當中符合五項以上，且合併生活上的重大損害或困擾，即可能有此問題。九項症狀包含：

1.對遊戲過度集中，佔據了生活大部分心思或時間。

2.當不能遊玩遊戲或是遊戲被中斷時出現戒斷症狀（悲傷、焦慮、煩躁）。

02　歌林多前書10章：23-24節。

3.耐受性：需要花更多時間在網路遊戲以獲得滿足，無法忍受不上網。

4.反覆努力想要控制網路遊戲的使用，卻無法減少遊玩，或企圖戒除遊戲，卻都徒勞無功。

5.除了網路遊戲，對先前的喜好與休閒都喪失興趣，甚至放棄其他活動。

6.儘管知道問題已發生，即使知道在心理、社會功能出現問題，但仍持續進行遊戲。

7.對家人、治療師或其他人隱瞞自己使用網路遊戲的情況和遊戲時數。

8.以使用網路遊戲來逃避或抒解負面的情緒，例如罪惡感或絕望感。

9.風險：因網路遊戲而危及人際關係、職業、教育、甚至失去工作機會。（必須是遊戲造成一個人多方面的重大損害或困擾才可能適用；一般的網路使用、線上博弈、或使用社群網站是不包含在此分類中的。）

「**遊戲成癮**」（Gaming Disorder, GD）係根據2018年國際通用的「國際疾病與相關健康問題之統計分類」第11版（International Statistical Classification of Diseases and Related Health Problems 11th Revision, ICD-11）草案，送交世界衛生組織（WHO）審核而來，著重於疾病描述而非診斷準則。具有以下特徵的行為：

1.無法克制地遊戲：對遊戲的控制能力受到嚴重限制，無法停止或減少遊戲時間，即使知道這種行為對自己的生活產生了負面影響。

2.遊戲成為最優先項目：將遊戲行為置於其他日常活動和責任之前，包括工作、學業、社交互動和家庭生活。其他的興趣與日常活動被排到後面。

3.持續遊戲：對遊戲表現出強烈的需求，包括持續的遊戲活動，即使存在負面後果，仍然繼續遊戲甚至更沉迷其中。

4.影響生活功能：對個人的生活、工作、學業和其他重要領域產生了明顯的負面影響。

遊戲行為模式可以是連續的，也可以是間歇性的、反覆出現的。此行為和其他特徵通常在至少12個月的時間內變得明顯，以便進行診斷，但如果滿足所有診斷要求且症狀嚴重，則所需的持續時間可能會縮短。

WHO於2022年2月通過審核正式生效[03]，將ICD-11「遊戲成癮」正式列為一種心理健康疾病，官網上的描述為：遊戲障礙（主要是線上遊戲）的特徵是持續或反覆的遊戲行為模式（「數位遊戲」或「電玩遊戲」），這種行為主要透過網路進行，表現為：

03　資料來源：WHO 6C51.0 Gaming disorder, predominantly online. https://icd.who.int/browse11/l-m/en#/http://id.who.int/icd/entity/338347362

1.對遊戲的控制能力受損（例如：開始、頻率、強度、持續時間、終止、情境）。

2.提高對遊戲的重視程度，使遊戲優先於其他生活興趣和日常活動。

3.儘管發生負面後果，仍繼續或升級遊戲。此行為模式的嚴重程度足以導致個人、家庭、社會、教育、職業或其他重要功能領域的嚴重損害。

WHO指出除了追蹤統計數據外，醫保部門、國家醫療項目管理者、數據收集專家，及其他參與全球醫療和衛生資源分配的人員，在做出報銷決策時都會使用ICD。不論是DSM-V的診斷準則或ICD-11疾病描述，都是為身心科醫師或健康專家而設，其診斷需要透過專業人員的鑑定，一般家長缺乏臨床訓練，切勿根據前述診斷標準就自行認定孩子就是網路成癮，有可能會導致不適當應用，建議家長尋求醫療專業的諮詢。

當個人對網路使用表現出無法自律控制、對網路活動過度依賴、以及對網路使用產生負面影響的現象，極有可能是網路成癮。以下是常見的網路成癮分類：

1.遊戲成癮（Gaming Addiction）：對線上遊戲、手機遊戲或電子遊戲表現出過度依賴，以至於忽略了現實生活的責任和活動。

2.社交媒體成癮（Social Media Addiction）：對社交媒體平台（如Facebook、Instagram、Twitter）的過度使用，可能導致依賴網路提升

自尊心。

3. 網路賭博成癮（Online Gambling Addiction）：對線上賭博和博彩活動的無法自律控制的使用，可能導致財務困難和家庭問題。

4. 網路購物成癮（Online Shopping Addiction）：對網路購物的過度依賴，可能導致財務困難和負擔不起的債務。

5. 資訊過度載入成癮（Information Overload Addiction）：對網路上的資訊和新聞來源無法停止地追求，可能導致焦慮和信息過多的困擾。

6. 色情網站成癮（Pornography Addiction or Porn Addiction）：對色情內容或色情資源的過度依賴和無法自控的使用。這種成癮可能會對個人的生活和關係產生負面影響，包括對性行為的偏見、社交隔離、陷入財務困境以及對現實世界責任的忽視。

網路成癮對大腦功能的影響，等同於安非他命成癮的影響

為什麼網路成癮會愈陷愈深？一些研究指出，網絡和遊戲成癮都會對青少年的大腦帶來功能和結構上的改變。

研究指出[04]，實驗受測者連續十天每天玩一小時以上的網路遊戲之後，遊戲信號呈現時的大腦反應，相似於藥物成癮者面對毒品時

04　Han, Doug Hyun, Nicolas Bolo, Melissa A. Daniels, Lynn Arenella, In Kyoon Lyoo, and Perry F. Renshaw.（2011）. Brain Activity and Desire for Internet Video Game Play. *Comprehensive Psychiatry 52*, no. 1：88–95.

的大腦反應，二者的前額葉皮質[05]（front lobe）、眶額葉皮質[06]（orbitofrontal cortex，OFC）、海馬迴[07]（Hippocampus）和丘腦[08]（thalamus）都會被激活。

另一份研究[09]，以16名網路成癮受試者（21.4±3.1歲）和15名健康對照者（22.1±3.6歲）作為實驗組與對照組，使用賭博任務來模擬極端贏／輸的情況，以找到連續輸贏後的獎勵／懲罰敏感度。結果顯示網路成癮受試者對勝利的敏感度增強，對失敗的敏感度降低。極端情境會比溫和情境放大獎勵／懲罰體驗，並引發更強烈的情緒感受。此項研究可以幫助我們理解為什麼網路成癮者，即使已注意到其行為的嚴重負面後果，仍繼續上線玩遊戲。網路遊戲成癮會對大腦的認知功能造成損害，造成成癮者對獎賞的敏銳度增加，而對損失不敏感或麻痺。

---

05 前額葉皮質位於腦半球前部中央裂之前，掌管學習、記憶、思維等高級心理活動功能。

06 眶額葉皮質位於大腦額葉前下方的前額葉皮質，是與決策的知過程有關的一個腦區。

07 海馬迴與短期記憶，長期記憶，空間訊息與方向定位有關，其作用是將經歷的事件形成新的記憶。

08 丘腦是產生意識的核心器官，具有傳導轉運站功能，各種感覺的傳導通路均在丘腦內更換神經元，而後投射到大腦皮層。丘腦只對感覺進行粗糙的分析與綜合，在大腦皮層才對感覺進行精細的分析與綜合。

09 Dong, Guangheng, Yanbo Hu, and Xiao Lin.（2013）. Reward/Punishment Sensitivities Among Internet Addicts: Implications for Their Addictive Behaviors. *Progress in Neuro-Psychopharmacology & Biological Psychiatry*, 46: 139–145.

　　李柏曼和隆恩（Lieberman & Long, 2018）[10] 指出，多巴胺是慾望的化學物質，總是要求更多的東西、更多的刺激和驚喜。在追求這些事物的過程中，它不會被情感、恐懼或道德所嚇倒。多巴胺是我們每一種衝動的源泉，這一點生物學使雄心勃勃的商業專業人士能有追求成功的動力，某些人卻也犧牲了生活中的其他重要部分。簡而言之，這就是我們尋求並渴望成功的原因，這也是我們賭博和揮霍的原因。

成癮是多巴胺（dopamine）作祟嗎？

　　醫學百科指出[11]，卡爾森（Arvid Carlsson）確定多巴胺（Dopamine）為腦內信息傳遞者角色的研究，使他贏得了 2000 年諾貝爾醫學獎。多巴胺是一種神經傳導物質，用來幫助細胞傳送脈衝的化學物質。這種腦內分泌主要負責大腦的情慾，感覺，將興奮及開心的信息傳遞，也與上癮有關。多巴胺是正腎上腺素（Noradrenaline, NA）[12] 的前體物質，是下丘腦和腦垂體腺中的一種關鍵神經遞質，中樞神經系統中多巴胺的濃度受精神因素的影響，中腦的神經原物質

10　Daniel Z. Lieberman ，Michael E. Long（2018）. *The Molecule of More: How a Single Chemical in Your Brain Drives Love, Sex, and Creativity and Will Determine the Fate of the Human Race* Hardcover. BenBella Books.

11　資料來源：http://cht.a-hospital.com/w/多巴胺

12　NA是一種興奮性的神經遞質，它在中樞神經系統中起著重要作用，參與調節注意力、情緒和生理反應。

多巴胺，則直接影響人們的情緒。從理論上來看，增加這種物質，就能讓人興奮，但是它會令人上癮。多巴胺在前腦和基底神經節（Basal Ganglia）出現，基底神經節負責處理恐懼的情緒，但由於多巴胺的緣故，取代了恐懼的感覺，因此有很多人的上癮行為，都是因多巴胺而起的。

丁珂、霍穎揚（2107）[13] 的研究結果指出：1.如果兒童和青少年的扣帶迴受損，他們對情感的控制能力會下降，這可能會給他們帶來人際交往方面的障礙。2.前額葉是一個極其重要的大腦區域，它肩負著計劃、管理和衝動控制等重要職能。如果兒童和青少年的前額葉發生改變，那他們對自身語言和行為的控制能力就有可能下降，具體表現為缺乏耐心，容易發脾氣，難以專注。

換言之，多巴胺是「預期想要更多」的因子，上網時人腦受到刺激，多巴胺的釋放會增加，活動會增強，就愈吸引沉迷在網路世界，對於真實世界的吸引力就大幅降低。在網路遊戲中的滿足感不斷地提升，就陷入不可自拔的成癮行為。成癮後身體自行合成多巴胺的能力也會跟著下降，這也說明為何父母強制要求孩子不要使用網路時，孩子容易陷入發脾氣的行為，焦慮、生氣等負面強烈情緒會出現，進而導致親子之間的衝突。

---

13 丁珂、霍穎揚（2107）青少年網癮危害多：過量多巴胺分泌令大腦功能受損。資料來源：https://kknews.cc/science/vaqap24.html

國內使用網路情況及網路成迷和成癮情形

　　國家發展委員會「110年網路沉迷研究調查報告」[14]，以全臺22個縣市為調查範圍，並以年滿12歲且有上網經驗的1,126位本國籍民眾為對象之電訪調查。以「網路使用習慣量表」（CIAS-10）作為篩選工具，在所有的調查內容的結果均呈現增加趨勢。我將調查整理成表來呈現結果（見表9）。

表9：網路使用習慣量表調查結果

內容／年度	110年		106年
網路沉迷平均分數	18.6 分	>	17.7 分
12 歲以上民眾有網路沉迷傾向者	7.0%	>	5.5%
網路沉迷的耐受症狀	2.13 分	≒	2.09 分
網路沉迷的戒斷症狀	1.85 分	≒	1.82 分
人際與健康問題	1.69 分	>	1.51 分
時間管理問題	1.64 分	>	1.49 分

註：耐受性（tolerance）指隨著使用經驗增加，上網的慾望越來越不能被滿足，所需上網時間也越來越長。戒斷性（withdrawal）指不能上網時，出現身體或心理層面不適的現象。

　　該調查另以有無網路沉迷傾向，比較每天平均上網時間、活動類型、心理健康險因子來進行比較，我將它整理成表10以顯示結果。

---

14 國家發展委員會（2021）。110 年網路沉迷研究調查報告。

表 10：有無網路沉迷傾向比較

項　目　類　型		網路沉迷傾向者		無網路沉迷傾向者
每天平均上網時間	工作日或上學日	4.1 小時	>	2.7 小時
	非工作日或非上學日	6.0 小時	>	4.0 小時
上網設備	智慧型手機	85.0%	>	77.9%
自　評	自認沉迷程度有問題	65.3%	>	11.1%
活動類型	社群類型影片	49.2%	>	39.7%
	網路社群	36.8%	>	30.8%
	看劇情類型影片或節目	34.3%	>	27.7%
	玩遊戲	22.9%	>	19.0%
	通訊軟體	19.7%	<	29.8%
心理健康危險因子	憂鬱	2.56 分	>	1.64 分
	無聊感	2.88 分	>	2.01 分
	課業或工作壓力	2.18 分	>	1.54 分

　　結果顯示110年網路沉迷（CIAS-10）總分的平均分數（18.6分）較106年（平均分數為17.7分）增加0.9分，我國12歲以上民眾有網路沉迷傾向者占7.0％（分母含非上網者），比例雖然由106年的5.5％增為7.0％，但未達統計顯著差異。

　　進一步比較CIAS-10的四個因素結果，我國12歲以上網路族在網路沉迷的耐受症狀（平均分數為2.13分）與戒斷症狀（平均分數為1.85分）分數較高，但分數與106年無異；至於人際與健康問題（平均分數為1.69分）和時間管理問題（平均分數為1.64分），雖分數在四個因素中相對較低，但比106年增加。

　　從「上網行為」來看，最近半年有網路沉迷傾向者在工作日或上學日，平均每天上網時間之平均（4.1小時），高於無網路沉迷傾向者（平均時間為2.7小時）；非工作日或非上學日的上網時間差異

更大，**有網路沉迷傾向者的上網時間（平均時間為6.0小時）較無網路沉迷傾向者（平均時間為4.0小時）高出2小時。**

以使用的「上網設備」來看，有網路沉迷傾向者85.0%，主要是利用智慧型手機上網，其他設備的使用率皆不到一成；至於無網路沉迷傾向者使用的上網設備也相當一致：77.9%是透過智慧型手機上網。

在「自評沉迷的程度」，有網路沉迷傾向者，65.3%自認有網路沉迷的問題，34.7%自認沒有；至於無網路沉迷傾向者，則只有11.1%認為自己有網路沉迷問題，88.9%覺得沒有。

比較「上網的活動類型」，網路族上網多數是看社群類型影片，其中，有網路沉迷傾向者（49.2％）的參與率，較無網路沉迷傾向者（39.7％）高出9.5個百分點；其次，網路族上網多在瀏覽網路社群、上網看劇情類型影片或節目、玩遊戲或使用通訊軟體，而有網路沉迷傾向者在瀏覽網路社群（36.8%）、看劇情類型影片或節目（34.3%）與玩遊戲（22.9％）等三類活動的參與率，分別高出無網路沉迷傾向者3.9～6.6個百分點（無網路沉迷傾向者有30.8％瀏覽網路社群、27.7％看劇情類型影片或節目、19.0％玩遊戲）；相對來說，有網路沉迷傾向者使用通訊軟體（19.7％）的比例低於無網路沉迷傾向者（29.8％）。

若進一步比較「憂鬱」、「無聊感」、「課業或工作壓」三項心理健康危險因子與網路沉迷的關係，分析發現：「**有網路沉迷傾向者在這三個心理健康危險因子的平均分數，皆顯著高於無網路沉迷**

傾向者。有網路沉迷傾向者在憂鬱的平均分數為 2.56 分，在無聊感的平均分數為 2.88 分，在課業或工作壓力的平均分數為 2.18 分；至於無網路沉迷傾向者的平均分數依序為 1.64 分、2.01 分與 1.54 分。」

　　結論指出，我國 12 歲以上民眾約 7.0% 有網路沉迷傾向。有網路沉迷傾向者的上網活動項目與無網路沉迷傾向者相似，惟其上網時間較長。網路沉迷的主客觀認定有高度重疊。憂鬱、無聊感與課業或工作壓 三項心理健康危險因子與網路沉迷有顯著正向相關。

　　潘元健，邱于峻和林煜軒（2019）[15] 針對全國 10,775 名國小四年級到高中三年級的學生做大規模調查，受訪者中的 113 位高中生由精神科醫師／臨床心理師進行診斷性會談，以驗證手機遊戲成癮量表與專業人士評估（失控的症狀、日常生活功能受影響、持續一年的狀態）的結果是否具有一致性。研究結果發現，**屬於手機成癮的使用者，除了使用手機的時間明顯較長以外，在手機遊戲的消費意願也跟著提高**。研究進一步發現，在不同年齡層的學生中，手機遊戲的消費意願呈現明顯的差別，國小學童為 21.4%，國中生為 36.3%，而高中生則高達 42.2%，皆明顯高於一般學生的手機遊戲消費情形，值得家長與師長多加關注。林煜軒補充說明，**要判斷使用**

15　Pan YC（潘元健），Chiu YC（邱于峻），Lin YH（林煜軒）. Development of the Problematic Mobile Gaming Questionnaire（PMGQ）and Prevalence of Mobile Gaming Addiction among Adolescents in Taiwan. *Cyberpsychology Behavior and Social Networking*. 2019；22（10）：662-669.

者是否有手機遊戲成癮的跡象，除了以手機使用時間來判斷之外，使用者是否出現成癮的典型反應也是評估的重要指標。

　　國發會資訊管理處委員會議提報「數位發展與資訊近用趨勢」報告[16]，內容顯示，**民國110年台灣網路使用相當普及，民眾使用網路的程度及頻率愈來愈高，最近3個月內曾上網者，有65.2％幾乎天天上網且自認每天上網時間長或頻率高**；平均來說，台灣網路族幾乎天天上網，平均每週上網6.7天；各年齡層則以20~29歲族群沉迷占比突破一成相對較高。民國109年調查結果顯示，民眾個人上網率為86.6％；60歲以上民眾上網率由108年53.5％增加至109年56.2％，是上網率成長最高族群，顯示網路使用對中高年齡層民眾也愈來愈重要。若觀察不同年齡層民眾有網路沉迷傾向的占比，**國發會指出，20~29歲民眾有網路沉迷傾向的比率最高達11.2％，其次是12~17歲與30~39歲民眾，分別有9.6％及9.1％；18~19歲、40~49歲與50~59歲民眾，有網路沉迷傾向的比率介於6.9％~8.6％。**

　　台灣數位報告（2022）[17]調查結果顯示：

1.數位使用概況：在網速提升32%的情況下，網路用戶占九

16　中央社（2022）。台灣網路族每週上網6.7天，20~29歲沉迷比率逾一成。
17　資料來源：https://datareportal.com/reports/digital-2022-taiwan

成來到 2,172 萬人，相較於 2021 年的 2,145 萬，增加了將近 30 萬人（+1.3％），高達 95.8% 民眾都有透過手機上網的習慣。

2. 每日在線八小時，追劇、查找資訊佔大宗，比起 2020 年增加了 10 分鐘，顯見網路在台灣人生活中的重要性只增不減。

3. 影音內容正夯，高達 96.8% 的影視觀眾，都曾透過網路來獲得更多精彩的影音內容。台人平均每日花在 YouTube、Netflix、愛奇藝等串流平台的時間，已經突破了 1 小時 13 分鐘，佔了每日觀賞影視時間的 42.7%，成為主流的影音觀看方式之一。

4. 社群使用行為：每日花費兩小時，打發時間隨手滑。使用社群平台的原因，前五名分別為：與親友保持聯繫、打發空閒時間、看看大家都在談論些什麼、探索內容、閱讀新聞時事。最常使用的社群平台則依序為：LINE（95.7％）、Faccbook（90.8％）、Instagram（70.6％）、Messenger（68.5％）與 TikTok（35.2％）。

5. 電商購物行為：疫情帶動線上購物，過去一年，46.8% 網路使用者皆有線上購物的經驗。34.7% 的電商用戶都曾在線上購買生活雜貨；13.9% 用戶曾購買二手的商品；38.6% 消費者在購買前會使用比價工具。

6. 網路隱私意識：對假消息和個資議題的擔憂年年攀高。近半數（48.8％）用戶擔心網路上的假消息猖獗，無法分辨真實或虛假的資訊；另有 33.1% 用戶在意第三方可能濫用手上的個資，兩者皆較 2021 年升高 3.3 個百分比。此外，也有將近 35% 的用戶曾在過去一個月內，清除自身的 Cookie 紀錄，顯示網路使用者對於自身資料

渴望擁有掌握權。

　　張馨元（2023）指出[18]：「**學術與業界的調查確定了遊戲的『性別鴻溝』正在減少，特別是近十年間**。在 2006 年美國針對 4 千個家庭的研究，大約有 38％玩家是年輕女性，但到了 2019 年上升到了 46％。澳洲也有類似的研究，顯示從 2005 年到 2019 年女性玩家的比例從 38％上升到了 47％。另外澳洲統計 14 歲至 25 歲的青少女平均每天玩遊戲 81 分鐘，甚至有 1％的人在平日玩遊戲超過 9 小時。因此，這並非專屬於男性的問題，在青少女身上亦須注意。」此一資料顯示，**不論年齡層與性別都有一定比率的人口可能會有網路成癮**。

　　張馨元進一步指出，由於美國精神醫學會在 2013 年提出較嚴謹的診斷標準，並聚焦在「網路遊戲」，之後各國研究指出之盛行率幾乎都少於 5％。2017 年一項美國、英國、德國的最新大型跨國研究指出，西方國家網路遊戲成癮的盛行率大約僅有 1％，國家衛生研究院以及馬偕醫院組成之研究團隊，以 ICD-11 的「網路遊戲成癮量表」，調查臺灣 8,110 位青少年玩家，**結果顯示網路遊戲成癮盛行率大約為 3.1％，略高於西方國家**。2014 年 Yahoo 和市場調查機構 Millward Brown 進行研究，台灣民眾每日手機上網時間 197 分鐘，位居全球第一！台灣每個月平均有 1,400 萬人使用 Facebook，比率

---

18 張馨元（2023）。青少年網路成癮。長庚醫訊，第四十四卷，第九期。

約71%居全球之冠。

　　兒童福利聯盟（2023）[19]為了解兒少網路的使用概況以及網路對兒少的影響，針對全臺兒少進行調查，結果指出**兒少的網路使用時間(不含做功課、網路上課的時間)平均每日4.6小時，換算成一周則高達32.2小時，相較於2020年調查的27.2小時明顯高出許多。**同時兒少面臨的三大網路危機——騙財（平均每五個就超過有一個兒少曾被詐騙）、騙色（兩成一曾遇過網友特殊要求，其中五成九被網友要求交往）、騙個資（四成一的兒少曾給網友個資）。

　　兒童福利聯盟同時針對兒少進行「網路識讀」調查[20]，全臺兒少網路防禦力平均71.2分，兒少網路負向經驗越少，其網路識讀能力相對較好；防禦力越低，網路風險越高。無網路負向經驗兒少的識讀量表平均分數為73.1分，明顯高於有網路負向經驗兒少的69.3分，可見兒少網路自我保護力較高，其網路風險相對較低。

　　在此提供家長兒童福利聯盟編制「網路識讀量表」工具，評量孩子是否為網路高風險族群的參考。（見表11）

19　兒童福利聯盟（2023）。2023臺灣兒少網路安全暨網路識讀現況調查。
　　資料來源：https://www.children.org.tw/publication_research/research_report/2611
20　「網路識讀」是指一個人具有辨識和了解網路資訊，對於個人可能造成各面向影響的知識與能力；當具備這樣的知識和能力，才能避免受到網路資訊內容的不當影響。換言之，網路識讀包括個人能夠：具備自主且批判性解讀資訊的能力、運用網路取得資訊、理解網路媒體的特性、以正確合宜的方法將個人想法透過網路傳達、以及具備取捨並活用網路資訊解決問題的能力。

表11. 網路識讀量表（資料來源：兒童福利聯盟）

請依下方題目選擇跟自己最接近的答案	非常同意	同意	不同意	非常不同意
1. 大多數網路影片內容出現的順序都是經過刻意安排的。				
2. 網路影片會為了提升點閱率誇大內容。				
3. 媒體的資訊並不全然真實地反映世界。				
4. 我不會去懷疑媒體所說的任何事情。				
5. 網路媒體的內容可能會受到贊助商的影響。				
計分：題組第 1.2.3.5 題勾選非常同意＝ 4 分、同意＝ 3 分、不同意＝ 2 分、非常不同意＝ 1 分，第 4 題勾選非常同意＝ 1 分、同意＝ 2 分、不同意＝ 3 分、非常不同意＝ 4 分，5 題分數加總後，總分 <15 分為高風險族群。				

值得注意的網路成癮危險因子：
它不是罪，是孩子求助的警訊

　　王智弘（2018）表示[21]，重度使用者和網路成癮者的差別在於造成問題行為背後的十項「心理危險因子」，加上網路重度使用，才會成為網路成癮。王智弘（2019）進一步指出[22]，若發現孩子可能具

---

21 王智弘（2018）。網路成癮不是罪，是孩子求助的警訊。親子天下，9月號。
22 王智弘（2019）。網路成癮十大危險因子及家長因應之道（上）、（下）。國立台灣大學中國信託慈善基金會兒少暨家庭研究中心，電子報，第 60 期，第 61 期。

有其中一項以上的危險因子，則家長宜有相關因應之道與策略。這十項因子包括：

1.社交焦慮：若孩子有焦慮情緒，特別是社交焦慮的傾向。

2.憂鬱：有憂鬱情緒傾向的孩子較常出現沮喪的心情。

3.無聊感：對學校與家庭生活的內容感到無聊，可能是其個人的主觀感受。

4.低自尊：現實生活（包括學校或家庭生活）中比較得不到自尊的孩子。

5.神經質：對他人的評價有過度敏感、緊張不安及情緒化的傾向，容易在現實生活中感受到威脅感。

6.課業挫折：包含課業壓力大與學業低成就。

7.家庭功能不佳：若孩子與家人的互動關係不佳或有親子衝突的情形。

8.缺乏社會支持：若孩子有同儕疏離與人際關係不佳，而缺乏社會支持或情感寄託的情形。

9.敵意：若孩子較常出現敵意情緒，可能會影響其人際關係與違犯常規。

10.衝動控制不良：孩子有衝動控制不良的傾向。

從前兩項研究可知，會造成網路成癮的原因不只一種，每個孩子的情況各自不同，可能有不同心理危險因子的組合。因此，看待網路成癮不能只是把它當作是一種行為問題來處理，不同的原因有

不同的處理方式與策略，只強調行為矯治而忽略了孩子心理層面的困擾，其實是搞錯了方向。

若父母發現有出現前述危險因子，該如何初步確認呢？

衛福部提供了「網路使用習慣自我篩檢量表」[23]（表 12），可藉由簡單的檢核了解孩子的狀況。此量表適用對象為國小三年級至大學之學生（10 歲至 25 歲），以瞭解網路族群的網路使用沈迷傾向。

填答說明：題目是一些有關個人使用網路情況的描述，請評估你最近 6 個月的實際情形是否與句中的描述一致。請依照自己的看法來勾選。由 1 至 4，數字越大，表示句中所描述的情形越接近你目前的實際情況。

另一個可供初步篩檢工具是由楊格（Young, 1998）[24] 提出的「網路沉迷自我檢測」（表 13），請依題目之敘述來勾選「是」與「否」，透過得分結果來了解網路沉迷程度。

改變之路：從上癮到脫癮的歷程

社會大眾或父母往往都將焦點放在孩子外在的「上網行為」，忽略了內在的「心理動機和需求」，不管是外在行為或內在心理，

---

23 資料來源：https://dep.mohw.gov.tw/DOMHAOH/cp-4104-45972-107.html
24 Young, K. S.（1998）. *Caught in the Net: How to Recognize the Signs of Internet Addiction and a Winning Strategy for Recovery*. John Wiley & Sons.

表 12. 網路使用習慣自我篩檢量表（資料來源：衛生福利部心理健康司）

題　目　　　　　　　　　　　實　際　情　況	①極不符合	②不符合	③符合	④非常符合
1. 想上網而無法上網的時候，我就會感到坐立不安				
2. 我發現自己上網休閒的時間越來越長				
3. 我習慣減少睡眠時間，以便能有更多時間上網休閒				
4. 上網對我的學業已造成一些不好的影響				

計分方式：
每題勾選由左至右各別登錄為 1, 2, 3, 4 分，總分最低 4 分，最高 16 分。本量表可供一般大眾自我篩檢使用，惟篩檢切分點僅供參考。

結果說明：
適用對象總分超過 11 分者即可能具有高度網路沉迷傾向，建議可進一步尋求專業協助，瞭解使用網路之情形與評估相關心理症狀。

表 13. 網路沉迷自我檢測（資料來源：Young, K. S.）

題　目 / 選　項	是	否
1. 你是否一心一意想著網路上的一切？ （包括：剛剛上網發生的事情、接下來在網路上又會有什麼事發生）		
2. 你是否會覺得上網的時間需要一次比一次久，才能滿足上網的需求？		
3. 你是否無法控制自己上網的時間，上了網就是停不下來？		
4. 當你離線或不能上網時，你是否會覺得不安、易怒、沮喪或是暴躁？		
5. 你在網路上的時間是否常較原來預估的久？		
6. 你是否曾因為上網使得重要的人際關係、課業或工作陷入困境？		
7. 你是否曾對家人或醫生隱瞞自己對網路涉入的程度？		
8. 你是否利用網路來逃避問題或平復煩躁不安的情緒？		
計分：回答「是」得 1 分。		
得分解釋：回答「是」達 5 題或超過 5 題以上者，有可能是網路沉迷者。		

可能都脫離不了與家庭關係、學校學習、和人際互動等因素。**上網行為也許是內在心理動機和需求未能得到滿足，轉而以上網來得到滿足。**

坎德爾（Jonathan J. Kandell, 2009）認為[25]，網路成癮為「一種一旦登入網路，不管從事何種網路活動，出現對網路的心理依賴。」從家長的角度而言，當然是希望孩子立即戒除網路沉迷或成癮習慣，然而關注的重點與其在阻止孩子遊戲上，不如重視「失控造成的生活失能」所帶來的負面影響。從行為層面處理的做法，需要耐心且持續地改變。同時行為表徵只是外在的表現與現象，更重要的是關注孩子的心理層面。

陳慧苓（2011）提出「網路成癮與脫離成癮脈絡模式」（見圖6）[26]，從網路世界的吸引力與現實生活的推力，建構出成癮與脫癮的脈絡圖，反之，如何降低網路世界的吸引力並減低現實生活的推力，達成脫癮行為。

王智弘，楊淳斐，張勻銘（2019）[27]根據上述脈絡模式，認為脫離網路成癮的關鍵因素，在降低現實生活的推力與網路經驗的吸力，而增強現實生活的拉力、自我調適的拉力、與他人協助的拉

25　Kandell, Jonathan. J.（2009）. Internet Addiction on Campus：The Vulnerability of College Students. *CyberPsychology & Behavior*. 1（1）：11–17.
26　陳慧苓（2011）。青少年網路成癮評估模組之初探。國立彰化師範大學輔導與諮商學系碩士論文，未出版，彰化。
27　王智弘、楊淳斐、張勻銘（2019）。青少年網路成癮問題與防治對策。刑事法雜誌，第63卷第3期，頁21-86。

力。如果要達到醒悟（持續降低上網行為）其做法如下：

1. 降低網路經驗的吸力：提升情緒紓解與愉快經驗。

2. 降低現實生活的推力：生活問題的壓力降低。

3. 增加現實生活的拉力：現實生活情境的重大改變（不方便取得網路、替代性的其他活動、生活上發生重大事件與正向改變）。

4. 增加人際的拉力：自我覺察與調適的拉力及他人協助的拉力（重要他人與專業人員的協助）。

圖6. 網路成癮與脫離成癮脈絡模式

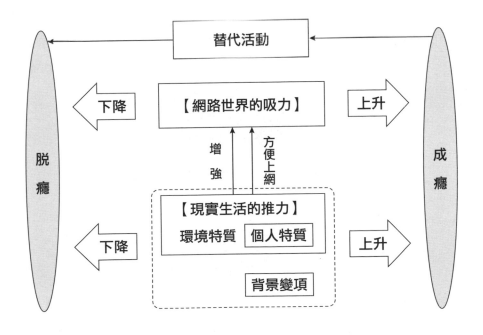

擺脫網路糾纏：如何協助孩子脫離網路成癮？

春秋時代曾為商鞅門下客的尸子（名佼）在《尸子》書中提到：「水，雖然不是鑽石頭的鑽子，但是可以把石頭滴穿；繩子，雖然不是用來鋸木頭的鋸子，但是只要不停的在木頭上來回磨擦，同樣可以把木頭切斷。」這比喻是指長時間累積下來的結果。

易言之，改變網路沉迷或成癮需要時間，父母要耐心等待改變，這對父母和孩子都是很大的挑戰，彼此要同心協力，跨越衝突矛盾的情緒和親子關係的衝突過程，協助孩子成為嶄新的人，自己也成為更有力量和能量的父母。

以下從不同層面提供家長一些做法，藉供父母視實際狀況彈性應用。從預防的觀點，當出現上網行為徵候時，及早介入處理才能避免問題惡化。

教練式父母做法

跨越衝突矛盾，建立更健康的行爲模式！

一、問題層面：

1.**隨時觀察記錄**：當父母發現孩子沉迷網路時，不急著責罵孩子，先利用一兩週到一個月的時間，觀察並記錄孩子上網的時間、

次數和頻率，作為改變上網行為的參照值（建立基準線：用來作為行為介入效果的前後比較水準），據此設定縮短上網行為的改變計畫和目標值。

2. 確認問題的根源：從自我檢測結果，客觀性地了解孩子的現況，找出可能沉迷或成癮的原因，據以了解與分析孩子目前上網行為，是否來自於課業挫敗、人際關係、自信心或成就感、親子關係等因素。易言之，就是對症下藥，切勿病急亂投醫。

二、行為層面

1. 網路沉迷或成癮問題可以應用「行為改變技術」（Behavior modification）來處理。此技術是透過科學的方法與設計，產生有計畫和步驟、應用學習理論的方法，來改變可觀察（上網行為）或測量（上網時間、次數和頻率）的行為。

行為改變技術的方法有很多不同的設計，其中一種簡易可行的是「改變標準設計」（changing-criterion design），依天數或週數來設定縮減上網的時間、次數和頻率，從簡單可行的小目標（每次減少10分鐘，或每天減少一次，或每週減少一天）先開始，這是一種逐漸塑造（shaping）行為的方法。

此法融入正增強（Positive Reinforcement）、負增強（Negative Reinforcement）、懲罰（Punishment）和消弱（Extinction）等技術，來調整與改善孩子的行為。以下是改變標準設計與技術融合使用的

方式：

　　增強是增加未來行為發生的頻率，正增強和負增強用於「強化」未來不上網的行為，有時兩者會聯合使用。同時正、負增強物的使用，會因人的喜好不同而有個別差異。

　　（1）正增強：包括使用正向激勵來鼓勵期望的行為。家長可以設立獎勵系統，以鼓勵孩子減少網路使用時間或達到特定的目標。例如，如果孩子成功減少每週的網路使用時間，就給予他們一些額外的獎勵（可以和孩子討論合理的需求和獎勵項目），例如：額外的休閒時間、特殊活動或小禮物（正增強物）[28]、讚賞回饋、擁抱（社會性增強）、餐敘（食物增強）等。

　　（2）負增強：指一個行為的發生，隨著「嫌惡刺激」[29]的移除，或減少嫌惡刺激的強度，以強化該行為的未來發生率。及當表現出預期的正向行為時（減少上網），不施加嫌惡刺激（例如：上網行為減少時，不用做家庭勞務）。要注意的是負增強不是懲罰。

　　（3）懲罰：是對不希望的沉迷或成癮行為施加不愉快（例如：責難、警告、不同意、拒絕、威脅等）的配對，以減少上網行為的頻率。懲罰有兩種形式，一是「正懲罰」，沒有表現出預期的正向行為時（減少上網），給予嫌惡刺激。換言之，若持續上網則給予

---

28 正增強物（positive reinforce）是指會讓人感到開心、愉悅、滿足而極欲得到的事物。

29 嫌惡刺激（aversive stimulus）是指會讓人感到不開心、痛苦、或討人厭惡而加以排斥或拒絕接受。

不喜歡的事物（例如：給予周末禁足）。二是「負懲罰」，沒有達成預定的縮減上網時間，則移除喜歡的事物（例如：喪失權益，不能去逛街）。

　　正懲罰和負懲罰適用於「減弱」未來上網的行為。然而，懲罰對於行為有暫時性的抑制作用，長期使用懲罰未必產生效果，因此使用懲罰時必須謹慎，避免使用過度或不適當的懲罰，容易造成體罰過當的身體傷害、或言語及心理上的傷害，反而涉及法律、倫理、人權上的爭議。謹記，增強和懲罰的是「行為」，而不是「人」。如果孩子違反家庭規則，可以考慮一些合理的懲罰，如減少特權、喪失權益或網路使用時間。

　　正、負增強的運用有四種不同模式，父母可以根據孩子的實際狀況和對正增強物和負增強物的喜好來實施。我用表（見表14）及圖（圖7）兩種方式來呈現，讓父母清楚易懂，利用此表圖來設計簡單可行的行為改變方案。

　　（4）消弱：是指當上網行為出現時停止提供正向激勵或關注，忽略以降低上網行為的頻率，意味著減少對孩子的網路使用的關注和關心。當孩子違反網路使用規則時，您可以試著停止提供額外的關注或獎勵（移除正增強物），讓孩子明白不適當的行為不會受到正向的回饋。反之，當孩子出現正向行為時（未上網時或其他預期的行為），立即給予激勵或關注。

　　2.監督與限制網路使用：首先，父母與孩子一起討論網路使用的時間，安排日程表或應用時間管理工具，合理的分配時間及有

表14：正、負增強運用的四種不同模式

行為類型

期望行為：減少上網	非期望行為：持續上網
「給予」喜歡事物： 吃一頓美食 （正增強）	「給予」不喜歡事物： 周末禁足 （正懲罰）
「移除」不喜歡事物： 不用做家庭勞務 （負增強）	「移除」喜歡事物： 不能去逛街 （負懲罰）

圖7：正、負增強運用的四種不同模式

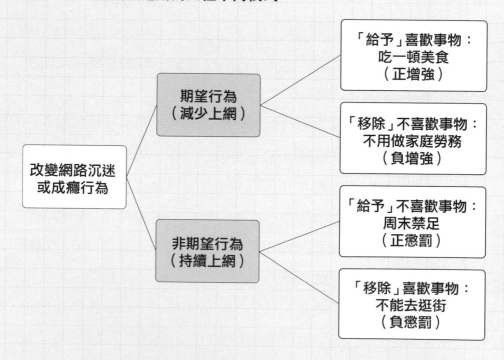

效率的管理時間。其次，制定明確的網路使用規則，包括每天的網路使用時間、使用特定網站的限制和安全性規定。第三，定期檢討網路使用規則和目標，根據需要進行彈性調整，以確保計劃的有效性。第四，藉由行為改變技術的做法，進行監督與設定縮減（或限制）網路的使用時間、次數和頻率。**謹記由小改變開始，目標不要設定太高或急於看到成果。**

應用行為改變技術產生較佳效果的原則：1.看見孩子上網（非預期的負向行為）或不上網（預期的正向行為）就立刻移除或給予增強物，2.要能馬上產生減少上網行為的即時性效果，3.了解孩子對於正、負增強物的好惡程度，4.每個孩子對正、負增強物的偏好不同，5.正負增強物的強度（吸引力）也因人而異。

應用行為改變技術的過程，目的在幫助孩子建立更健康的行為模式，而不是作為懲罰的手段。父母仍然是支持和理解的，以促進孩子的改變和成長。重要的關鍵是：

（1）保持溝通：確保與孩子保持開放和坦誠的溝通，解釋為什麼進行行為改變，並確保他們理解為何有正向激勵和可能的懲罰。

（2）持之以恆：行為改變可能需要時間，要持之以恆，不要期望立即見效。有小的改變，就要給予持續的關注或增強，累積和強化持續性的改變。

（3）彈性調整：根據孩子的回應來調整計畫。有效的正增強或負增強就繼續使用，如果一某個方法起不了作用，就考慮嘗試其他方法。

（4）關懷支持：無論使用哪種方法或技術，都要確保孩子知道父母是關心他們的身心健康，並提供適當的支持。

三、生活層面

1.**鼓勵替代性活動**：這是個別化計畫，需要考慮每個孩子的需求和喜好，來應用並增加「高頻率行為」[30]。換言之，選擇那些令孩子們更願意去從事的較高頻率的偏愛活動（如運動、音樂、閱讀、登山等），作為其他較低頻率活動（上網行為）的增強物。只要孩子們選擇一些比上網更為喜好的活動來吸引他們，同使減少上網行為，都可以是替代性活動。請父母想想看有哪些活動，比上網行為更能吸引孩子們？

2.**轉移生活重心**：轉移生活重心是一個漸進的過程，先確立孩子想要實現的目標，無論是學業、人際、健康、未來發展，還是個人成長。幫助孩子明確知道需要轉移注意力的理由，是幫助而不是限制，同時共同討論和制定一個具體的計畫，包括目標、步驟和時間表。

3.**學習掌握生活**：培養健康的生活習慣，包括運動、均衡飲食和足夠的睡眠。這有助於改善身體健康和情感福祉。同時將更多時間分配給高頻率的替代活動，讓他們有機會參與多種活動，並設定

---

30 高頻率行為：意指當人們有機會去從事各種不同的行為時，他們會選擇那些較高頻率的活動甚於其他的活動。

一個固定的時間表，減少網路使用時間。

　　前述三項鼓勵替代性活動、轉移生活重心、學習掌握生活的方式，有具體成果的是由中國醫藥大學與亞洲大學的網路成癮防治中心所舉辦的「無網路住宿心理營隊暨關機親子工作坊」[31]，已辦理共3期，每期8天7夜無網路住宿營隊、12期週末關機工作坊，協助青少年健康上網，也幫助家長如何輔助孩子，善用3C科技的有效學習教養策略技巧。

　　亞大副校長兼網癮防治中心主任柯慧貞指出，青少年常藉著網路活動逃避和抒解現實中的生活壓力而逐漸上癮。家長若無法了解和溝通，一昧強制管制網路使用，往往效果不彰又帶來衝突。因此，活動設計重點在讓青少年體驗沒有網路、關了手機，也能得到成就感、歸屬感、愉快感、意義感等「四感」；課程也引導青少年去討論健康、不健康上網的好壞，提升了他們健康上網的動機。家長從營隊工作坊中，學習同理心等有效親子互動技巧，與孩子去學習面對問題與善用3C科技。

　　4.培養自律與自控能力：這是脫癮最重要的核心，也是最不容易的。自律與自我控制不是全有或全無的概念，而是逐步提升能力的歷程，是建立延宕滿足（delay of gratification）的一種方式，即為得到未來成就與酬賞（脫癮），而願意放棄立即性的網路遊戲帶來

---

31 資料來源：https://www.asia.edu.tw/zh_tw/Announcement/2023/-中亞聯大-網癮防治中心舉辦-無網路住宿心理營隊暨關機親子工作坊-成果發表-84694027

的成就與酬賞（上癮）。

　　米騰伯格（Raymond G. Miltenberger, 2016）[32] 指出：「自我管理指的是一次專注於一種行為，以控制之後的另一項目標行為的出現。包含控制行為（controlling behavior）和受控制行為（controlled behavior）。即透過控制行為來約束受控制行為在未來的出現機會。控制行為包含實行已修正目標行為或替代行為，讓目標行為（脫癮）更容易發生。」

　　讓孩子學習自我監控與紀錄，研究顯示觀察與紀錄本身就具有增強和懲罰的性質，當孩子自己能自律或自控時（只要上網時間、次數、和頻率有減少時），可以在任何時間內自由地給予自己正向的獎賞（例如：吃喜歡的美食、打一場暢快的籃球、與好朋友一起出遊等等）。

四、人際層面

　　1. 建立同儕關係：理解孩子在人際互動上，於虛擬網路世界中，較不具威脅和更有安全性，比起在真實世界中面臨的同儕壓力和競爭更小。鼓勵孩子建立健康、支持性的同儕關係，可以提供彼此的情感支持，幫助孩子擺脫網路成癮。父母可以提供機會參加團體活動，或促使孩子與對他們有積極影響的朋友交往。藉此幫助孩子發

---

32 鳳華總校閱，李姿瑩等人譯（2017）。行為改變技術：原理與程序。頁
　　20-3～20-5。華騰文化股份有限公司。

展健康的社交技能，包括與人建立聯繫、解決衝突、表達情感和建立良好的人際關係，並提升孩子應對同儕壓力和社交情境的能力。

2.**培養社會支持**：父母與孩子參加社交活動，與親朋好友們互動。社交支持可以幫助孩子建立更多健康的社會人際連結以減少孤獨感。家人和朋友的支持是至關重要的，家庭成員可以提供鼓勵、理解和共享活動，以幫助孩子建立更健康的生活。

3.**與同儕家長互動**：與孩子同儕的父母建立聯繫，分享關於孩子網路使用和行為的擔憂。合作的家庭可以一起設定規則和限制，分享教養子女的觀點及實際有用的改善方法，以確保孩子在家和同學之間有一致的行為標準。

五、溝通層面

1.**建立開放和溝通的環境**：讓孩子知道他們可以隨時和父母討論他們的感受和需求，而不會受到批評或指責，使孩子願意分享他們的內心世界。透過提問蒐集資訊，從孩子的回應中尋求理解，以深入了解孩子的心理需求和內在渴望。例如：帶著真心想了解的語氣和態度詢問孩子：「你喜歡在網路上做什麼？」（對孩子好奇的了解）、「是什麼吸引你這麼喜歡上網？」（了解喜歡的原因）、「我很好奇，在網路上你可以得到什麼快樂的滿足感？」（了解正面情緒的來源）。要注意的是，提問宜避免成為審問或質問，造成反效果。例如：「說，你為什麼要上網？」（質問要求孩子解釋清楚）、「你

時間太多了嗎？為什麼不拿來好好念書？」（責罵與質問）

2. **父母以身作則**：看手機和上網似乎是日常生活中不可或缺的一部分。父母反思自己是否也經常上網而無暇與孩子互動，或經常性的網路購物而無法自拔。不少父母向我詢問如何讓孩子不上網，有時我也反問家長有無經常性上網。若有，當孩子看到父母雙手不離手機和電腦，也會依樣畫葫蘆。父母以身作則，示範健康的網路使用行為，包括控制自己的上網時間，不讓網路干擾現實生活。如果做不到，反過來要求孩子，孩子可能會覺得父母是說一套做一套的雙重標準。

3. **積極專注聆聽**：當孩子表達他們的感受和想法時，父母要主動聆聽，不要打斷或評論，聆聽有助於理解孩子的內在世界。留意觀察孩子的行為是否受到網路使用的影響，注意是否有任何情緒上的困擾或變化，這些線索有助於父母了解孩子的內在需求。

當孩子對父母說：「我就是沒辦法啊！」、「我也想努力學習，就學不來，我覺得無聊就上網打發時間」。聽到這樣的說詞，大部分父母可能武斷地先加以責問或訓斥：「什麼叫做沒辦法，你根本就是推卸責任！」（指責）、「你根本就不想好好學，還合理化自己的上網行為」（武斷評價）、「叫你不要上網就是不聽、我要說幾遍你才不會上網」（質問）等等，通常會引起情緒反應，造成親子之間的緊張關係。當孩子擔心被責罵，會隱藏或隱瞞上網的行為，暗地裡或偷偷地上網，如此父母便無法真實掌握狀況。若父母說：「當你自覺無法克制上網時，覺得很無奈吧」（情緒同理）、「聽到你在

學習上有挫折感，而將注意力轉移到網路」（同理加上客觀事實的回應）、「我知道你很想自我克制，也想成績表現好，我們一起找出方法來改變。」（正向觀點與陪伴改變）。試試這樣的回應會有什麼不同的結果？

4.**走入孩子的內心世界，關心支持與陪伴**：試著看到孩子上網時，可以先詢問孩子做什麼？哪怕是玩遊戲，也可以了解遊戲的類型？例如：「我看你玩得很開心，在玩什麼呢？」（好奇了解遊戲項目或類型）、「看你玩得目不轉睛很專心的樣子，是什麼這麼吸引你？」（了解吸引的內容與原因）、「遊戲一定很好玩，讓你覺得有趣的是什麼？」（了解內心感受）、「我也玩玩看，你來教我，讓我體會一下你的樂趣。」（親身體驗後，有可能找出共同的話題）。先與孩子同樂，深入了解孩子的內心世界與想法，或許有正向的討論與分享，以便連結到現實生活的情境中，創造共同關心的話題。

六、專業層面

當父母發現孩子因網路沈迷或成癮，情況嚴重需要專業協助時，可尋求學校學生輔導中心心理師及專業人員，或洽詢各縣市心理衛生中心，或諮詢相關醫療門診、心理諮商所。藉由專業人員或與專業人員合作來協助孩子。

有興趣深入了解網路成癮的相關資源的家長，可以參閱〈迷惘

少年：禁不了、管不動，找回被網路綁架的孩子〉[33] 封面故事專題報導。也可以在以下網站上找到一些可用的資源。

1.衛生福利部心理健康司網路成癮區：https://dep.mohw.gov.tw/domhaoh/cp-4910-55038-107.html。該網站同時提供各縣市網路成癮治療服務資源表，包括醫療機構、心理諮商所、心理治療所之服務時間及電話。

2.台灣網路成癮輔導網：http://iad.heart.net.tw/。該網站提供相關研究文獻、一次單元諮商模式、網路成癮Q&A、網路成癮求助留言板、及過濾網站軟體資源之機構：

（1）Cyber Sitter：http://www.solidoak.com

（2）Cyber Patrol：http://www.cyberpatrol.com

（3）Family Connect：http://www.familyconnect.com

（4）Internet filter：http://www.turnercom/if/pressl.html

（5）Pure Sight：http:// www.icognito.com

（6）TICRF：http://www.ticrf.org.tw

（7）X-Stop：http://www.xstop.com

（8）HiNet色情守門員：http://hicare.hinet.net

3.兒童福利聯盟中的兒盟資源：https://www.children.org.tw/epaper/index。該網站提供電子報、刊物、研究調查報告、多媒體影

---

33 天下雜誌（2023）。迷惘少年：禁不了、管不動，找回被網路綁架的孩子。第778期，頁68-89。

音、親子百寶箱。

　　4. 國立彰化師範大學附設社區心理諮商與潛能發展中心（網路成癮特別諮商）：http://human.ncue.edu.tw/

　　5. 白絲帶家庭網安諮詢熱線：http://www.cyberangel.org.tw/hotline

　　6. 張老師基金會 1980 專線。

教練式父母──提問與反思

- 父母先反思自己是否也有網路沉迷現象或成癮症狀？如果有，從以身作則的角度，你要做什麼調整為孩子立下榜樣？如果沒有，與孩子分享你是如何做到的？

- 父母可以從哪些徵兆中看出孩子已出現沉迷行為？

- 試著默默觀察孩子一到兩週上網情形，紀錄上網時間、次數、和頻率。客觀分析觀察結果，了解上網行為的狀況。

- 從觀察結果中判斷孩子是否已出現網路沉迷或成癮的症狀？再與孩子一起討論觀察結果，共同找出調整的方法。

- 如果孩子有成癮行為需要專業協助，有哪些資源是你可以善加利用的？

- 與孩子的同儕家長們一起分享協助孩子改善網路沉迷或成癮的成功經驗。

第 19 章

霸凌後
沉默痛苦背後的創傷

教練式父母做法：

陪伴孩子走出幽閉暗室，邁向復原之路。

我曾陪伴過一些受創當事人，晤談當下能感受到他們內在靈魂極度的不安。恐懼與害怕牢牢地挾制內心的世界，任憑外界關心的呼喚聲，即使靈魂使盡力氣，仍然無力以最低吼的聲音回應內心的翻攪。創傷如同生命的枷鎖，緊緊地的困鎖著孤寂，彷彿僅剩在牢籠裡無語的盼望。

我震撼著當事人需要有多大的勇氣才能面對自己痛苦的過往，我也驚嘆當事人是如此勇敢地想要衝破生命重重的障礙。晤談的當下，時空彷彿被冰凍著，空氣中的水氣似乎凝結了，當下靜寂無聲，似乎給了當事人一個洗滌塵土的安歇片刻，在溫柔的陪伴中逐漸充滿能量往前走，我讚嘆於生命的樂章是如此的悠揚悅耳地奏出生命的禮讚。

沒有人想要被欺凌或霸凌，沒有自願的受害者。只是生活中突然闖入霸凌者，生命的能量在驚嚇中凍結，頓時無法回應或逃離而瞬間被摧毀，只好帶著受創的靈魂逃到自認為安身之處，在心靈的暗室中自舔傷口，自行等待時間療癒，只是傷口會結痂，烙印卻永留心中無法抹滅。我的心非常不捨與難過，如果你的子女也曾遭遇欺凌或霸凌，心裡的痛與失落，恐怕更甚於我。

英國精神病學家和心理學家，依附理論（Attachment Theory）的創始人鮑比（John Bowlby）：「證據顯示所有的年齡層中，家庭生活對一個人經驗與反應失落的影響無所不在」。在此重要的關鍵時刻，父母需要展現無比的關愛與陪伴的態度，與被霸凌的孩子共同走出生命的幽谷。若想從過往的傷痛中重生，來面對自己和他人，

需要勇敢冒險。霸凌議題的生命經驗很沉重，關懷者（父母、師長或心理師）需要不帶批判的傾聽與同理，當情緒能被理解和尊重承接時，才能逐步邁向復原之路。我們一起來穿越霸凌的森林。

霸凌（bullying）一詞最早由挪威學者奧維斯（Dan Olweus, 1979）[01] 提出的概念，他定義為：「一個學生長時間、重複地被暴露在一個或多個學生的負面行動中，並進行欺負、騷擾，或被鎖定為出氣筒的情形」。奧維斯（1993）[02] 再次定義霸凌為：「具有惡意之負面傷害行為（negative actions）、重複性（repetition）、權力不對等（power imbalance）」，此為目前國際廣泛採用的定義。

2010年震驚全台的桃園八德國中校園霸凌案，敲響了關注霸凌議題的警鐘。依據監察院監察調查處調查報告指出，該事件學校未依規定完成校園安全法定通報責任，延誤處理時機，核有疏漏。對校園安全事件，怠未積極處理，致使霸凌事件迭起，造成校園不安及有損校譽。未聘足合格輔導教師，且未善用社會福利機構及警政資源，致校園事件頻傳。

教育部（民100）[03] 邀集專家學者研討後，對於構成校園霸凌的要件有五項：1.具有欺侮行為。2.具有故意傷害的意圖。3.造成生理

01　Olweus, D.（1996）. Bully/victim problems at school: Facts and effective intervention. *Journal of Emotional and Behavioral Problems*, 5(1), 15-22.
02　Olweus, D.（1993）. *Bullying in school: What we know and what we can do*. Oxford. Blackwell.
03　教育部（民100）。防制校園霸凌，中央、地方及學校分工合作。台北市：教育部。

或心理侵犯的傷害。4.雙方勢力（地位）不對等。5.其他經各校因應小組認定為霸凌個案者。據此要件初步來判斷校園霸凌的構成與否。教育部保護受害者也鼓勵舉報，「陪你勇敢，不再旁觀」反霸凌專線電話「1953」於2022年正式啟用。

　　教育部（民109）公布的「校園霸凌防制準則」條文第三條第四款指出：「霸凌是指個人或集體持續以言語、文字、圖畫、符號、肢體動作、電子通訊、網際網路或其他方式，直接或間接對他人故意貶抑、排擠、欺負、騷擾或戲弄等行為，使他人處於具有敵意或不友善環境，產生精神上、生理上或財產上之損害，或影響正常學習活動之進行。」第五款指出：「校園霸凌是指相同或不同學校校長及教師、職員、工友、學生（以下簡稱教職員工生）對學生，於校園內、外所發生之霸凌行為。」

　　全球與台灣的霸凌情形有多嚴重？天下雜誌報導的資料顯示[04]，全球霸凌情形：1.亞洲地區每10個學生就有3人（佔30%）曾遭受校園霸凌，2.各年齡比一比，10歲學生遭霸凌比率最高（佔43%），3.常遭霸凌者，近半只想上學到國中畢業（佔45%），4.促進國際閱讀素養研究（PIRLS）發現，每週遭受霸凌者，閱讀成績比一般學生低39分。台灣的霸凌情形：1.校園霸凌通報件數連3年破千件，2022年達1,942件創新高，2.有32%兒少自認有「微歧視」（指生活中有許多包裝成玩笑或善意背後的言語，可能強加在他人身

---

04 天下雜誌（2023）。7組數字，透視全球道台灣霸凌趨勢。9月號，頁74-75。

上）的想法（男生佔30%，女生佔27%），是霸凌的前奏曲，3.校園霸凌5大樣態中，肢體霸凌佔比居冠（佔38%），其次為言語霸凌（佔33%），第三為關係霸凌（佔15%），第四為網路霸凌（佔12%），最後是因不堪受凌而反擊霸凌（佔2%）。

媒體報導[05]，教師法於2019年大幅修法，詳細規畫不適任教師處理流程，但全國教師工會總聯合會指出，修法上路以來，不僅未加快處理速度，學校反而為了處理名目繁多的各類事件，花費大量時間而疲於奔命，甚至出現不少濫訴案例，不堪其擾。新法未能符合預期效果，學校形同「法院」，延伸出案外案，耗費大量人力和時間。例如，學生衝突有嚴重霸凌和一般糾紛之別，以往輕微衝突只需教師知悉，藉即時輔導化解；修法後的新措施卻是無論案件嚴重與否，家長均有權要求學校調查。

兒童福利聯盟督導邱靖惠參與過許多霸凌案件調查與研究，她指出[06]：「近年來校園霸凌案件通報確認率在兩成以下，學校耗費了九成的力氣在做調查，結果八成不成立。但不論成立不成立，當事人雙方都需要教育和輔導。」由此可見濫訴情況不少，也許家長護子心切，急於釐清事實，逕自向學校舉報。

孩子在成年之前的學習環境以學校為主，校園霸凌的議題更為

05 許維寧（2023）。老師罰抄寫遭檢舉霸凌校園陷濫訴。聯合報，10月18日。
　　資料來源：https://udn.com/news/story/6885/7512039
06 引自天下雜誌（2023）。通報無助於關係的修復：處理霸凌重點不在問審，
　　而是教育。9月號，頁98。

家長及社會大眾所關注。校園霸凌（School Bullying），係指一個學生或多個學生欺負或騷擾，或是有學生被鎖定為霸凌對象，成為受凌學生，造成其身心痛苦的情形，包括校園內與校園外的霸凌行為。

霸凌不只是霸凌，還有很多不同形式

家暴就是家庭中的霸凌，指在家庭中的家庭成員之間的霸凌行為，包括身體虐待、情感虐待、精神虐待等。一位剛上大學的新鮮人前來諮商，晤談過程中意外地談到他在小學到國中階段，遭受父母的言詞傷害，身體的暴力，甚至幾次強灌農藥，從死亡的邊緣中搶救回來，多年來在家庭中遭受無情的對待，造成身心嚴重受創。雖然往事塵封已久，然而敘說過往時的語氣，顫抖的身軀，仍然透露出恐懼與害怕，感受到餘悸猶存。他百思不解的是，為何說愛他的家人，會對他施加毒手。他的怨恨中夾雜著歉疚與不安，好像不應該有如此的想法。

另一個令人髮指的案例，是一位即將成年的青少年被轉介到諮商中心，第一次晤談時，他以極度憤怒的語氣說：「我滿18歲成年的那一天，要親手殺了我父親。」是什麼讓一位孩子說出這樣的話來。原來他遭受父親長年累月的身體霸凌，身心受創極為嚴重。當時我聽到時極為震驚和極度的不捨，我陪伴他半年多時間，多次深入內心處理他的負面情緒，終究慢慢地緩和下來了。

他畢業數年後，我接到一通從國外打來的電話，竟是這位當年受害的孩子，他滿懷感激地告訴我，感謝我曾經陪伴他度過那段身心被踐踏的痛苦日子，打電話給我的用意是讓我知道，他現在過得很好，不再怨恨他的父親，在國外的日子彷彿讓他重生。我不知道他是如何知道我的聯絡方式，但聽到他的狀況，我深深感到安慰和放心，即便事過境遷二十多年，我仍然對他記憶猶深。我相信他已走出傷痛，日子會過得很好。

回憶過往所處理的案例，我始終相信人的內在，都有跨越傷痛，邁向復原的一股力量。你、我生命都有一個「空」，沒有人能填滿，沒有人能知道，卻是需要勇氣去面對。我們對生命的無奈會產生憤怒的情緒，因為生命無法掌控在自己手中，我們必須面對各種失落而受苦。《達文西密碼》（*The Da Vinci Code*）中的人物西拉（Silas）說：「心的痛苦比肉體的痛苦要壞得多。」痛苦有時會過去，也可能過不去，承受痛苦有輕重，跨越痛苦需要時間。

雖然，霸凌會發生在不同的情境和場合，霸凌的對象可能不分年齡和性別，霸凌的形式也很多元。就從學生的學習環境校園談起。奧維斯（1999）[07]將校園霸凌分成九種型態：1.言語霸凌，2.經由人際關係排斥孤立而霸凌，3.身體霸凌，4.經由謠言、謊言而霸

---

07 Olweus, D.（1999）. Sweden. In P. K. Smith, Y. Morita, J. Junger-Tas, D. Olweus, R. Catalano, & P. Slee（Eds.）, *The natural of school bullying: A cross national perspective*. pp. 7-27. London, UK: Routledge.

凌，5.勒索及毀損物品之霸凌，6.威脅及強迫霸凌，7.種族霸凌，8.性別霸凌，9.網路霸凌。

邱靖惠、蕭慧琳（2009）[08]將霸凌種類分為下列六種：

1.肢體霸凌：外顯行為是最容易辨識的一種，對同儕推、打、踢、撞、搶奪財物等。

2.言語霸凌：出言恐嚇、嘲笑污辱、取難聽的綽號等。

3.關係霸凌：排擠孤立、聯合他人來對付某人等；這一類型的霸凌往往牽涉到言語霸凌。

4.網路霸凌：包括散播謠言、刻意引戰、網路跟蹤、假冒他人網路身分、發布攻擊或詆毀的圖片影片等。除了肢體霸凌外，言語、關係霸凌亦可透過網路來實施。

5.反擊霸凌：受凌者不堪霸凌者的霸凌，而選擇反擊或去欺負比自己弱小的人，成為霸凌者。

6.性霸凌：包括以性，或身體部位的嘲諷玩笑。以語言、肢體或暴力對他人的身體外表、性別氣質、性取向、性特徵取笑或評論的行為。

除此之外也有其他類型的霸凌，例如：

1.文字霸凌：使用文字訊息、郵件或社交媒體發佈冒犯、嘲

---

08 邱靖惠、蕭慧琳（2009）。臺灣校園霸凌行為危機因素之分析研究。兒童及少年福利期刊，卷15，頁147-169。

笑、恐嚇或侮辱他人的言論。這可能包括不斷地發送威脅性的訊息或貶抑性的評論。

2.圖片或影片霸凌：發佈或分享不當的圖片、影片或錄音，以侮辱、恐嚇或困擾受害人。這種形式的霸凌通常伴隨著恥辱和侵犯隱私。

3.身份偽造：創建虛假的社交媒體帳戶或在受害人的名義下發佈冒犯性內容，以侮辱或損害受害人的聲譽。

4.持續性霸凌：是一種長時間、不斷進行的霸凌，可能涉及多種方式，包括文字、圖片和影片。這種霸凌可能對受害人的心理和情感造成長期傷害。

5.沉默霸凌：指故意排除或忽視受害人，不回應他們的訊息、評論或請求，以製造孤立和恐懼感。

6.同儕壓力霸凌：某些情況下，人們可能會在社交媒體上參與霸凌行為，因為他們感受到社交壓力或群體壓力，即使他們自己並不贊同這種行為。

超越時空的網路霸凌層出不窮

由於網路通訊世代的興起，網路社群及社交軟體風起雲湧，網路霸凌（Cyberbullying）的現象也日趨增加。網路霸凌是指在網際網路上使用數位技術，如社交媒體、短信、電子郵件、網站等即時訊息，來故意傷害、欺侮、恐嚇、威脅或騷擾其他人的行為。此舉包

括社交媒體上的欺凌、網上侮辱、數位陷害等。這種行為可以針對個人、團體、組織或社區，並且可以在公開或私人的網路平台上發生。

因著在網路上發布假訊息，儼然已成為一種新興且嚴重的社會問題。此種假訊息霸凌（Misinformation Bullying）是指在網絡或社交媒體上有意散佈虛假資訊或謠言、發送錯誤或惡意信息、發送誤導性內容或威脅性消息，發送讓人尷尬或或恐嚇他人的行為。這種形式的霸凌是在破壞目標個體的聲譽、引起恐慌或混淆視聽，並可能對受害者的心理和情感健康造成嚴重影響。

假訊息霸凌是一種嚴重的社交問題，其特徵為：使假訊息能夠廣泛散佈並快速發酵，故意誤導對受害者產生負面看法。刻意的設計訊息以侮辱、中傷或羞辱受害者，致使對方遭受潛在危害，對受害者的個人、專業、生活產生負面影響，並可能引起情感困擾、焦慮或恐慌。

在數位時代，重要的是培養媒體和信息素養，強調辨識信息真實性的重要性，學習如何辨識和應對虛假信息，以幫助人們識別和應對假訊息霸凌，同時保護自己、他人、團體、和整體社會的聲譽及心理健康。為了解決這些問題，教育、法律和社會要共同努力，提高對網路霸凌的認識，並建立防止和處理網路霸凌的機制。預防霸凌是一個重要的目標，包括教育、意識提高、建立安全的學習和社交環境等。

不同形式的霸凌對受害者的傷害有哪些？

　　一位曾被霸凌的成人敘說過往高中時期的生命故事，晤談過程中我嘗試引領他走出生命的枷鎖，他始終沒有勇氣跨出一步。直到某次晤談，他終於鼓起勇氣想要突破，他自述當下的狀況，彷彿躲在緊蓋鍋蓋的鍋子內。鍋子內的水滾了，蒸氣衝出鍋蓋不斷的上上下下，時而掀開，時而蓋下，叩叩叩的聲響，彷彿是靈魂的吶喊。

　　他說自己在時而掀開的鍋蓋內，雙眼由隙縫中凝視外面，眼神如雷達般的左右掃描，亟欲確認是否安全，才有更多的勇氣掀開鍋蓋。只要覺得外面不安全或有威脅時，立刻閉上雙眼蓋下鍋蓋。鍋蓋起起落落，就算他穿上勇氣的外衣，仍然猶豫著衝或不衝出去，這是一種極為矛盾又戰戰兢兢的心情。

　　另一位由社工轉介過來評估的兒童，初次見面時，我被他從頭到腳的瘀青眼腫，及新舊傷痕交織的身軀所震撼，眼前的景象震撼我的內心，很難想像這位遭受身體霸凌與傷害的孩子，竟在深夜被遺棄在無人的廢棄工廠。我望著他的眼神，詢問他身體疼痛的感覺，他兩言無神，但透露出恐懼和哀傷，他裝得一副若無其事的樣子，冷靜且冷漠地搖頭說：「我……我……不疼。不會……」。

　　兒童的回應讓我感到驚訝，同時我也感受到他的理智和情感，已在遭受身體霸凌時被切割了。他呈現出理智化（Intellectualization）的現象。理智化是指當人遇到困難、挫敗、傷害、創傷時，為了自

我保護，刻意以理智包裝自己，讓自己完全以理性來看待讓自己痛苦的事情，刻意忽略自己或他人的負面情緒感受。彷彿用理智的外在自己，冷眼旁觀而忽略內在的情感，好讓自己的心理感受到舒服與自在。

我擔心如此幼小受創的他，心中是何等的痛苦，卻又無言以對。我難過這孩子可能繼續帶著受創的面具面對未來，我無法預知他的未來，也許他能持續受到諮商陪伴，遠離生命陰霾而健康長大，我也憂慮長大後的他，是否也反過來成為另一位施暴者。我深刻感受當下他受創的心靈，乘載著無比沉重的生命。

即便脣齒相依的親情關係，仍然會互咬而受傷，所造成的傷害也不可言喻。霸凌事件對受害者造成多種嚴重的傷害，這些傷害不僅局限於心理和情感層面，還可能對其生活產生負面及長遠的影響。受害者可能會經歷不同形式的心理創傷，包括創傷後壓力症候群（PTSD）、焦慮症、抑鬱症等。

以下是霸凌受害者可能的一些傷害：

1.身體健康問題：長期的心理壓力和情感困擾可能對受害者的身體健康產生不良影響，包括睡眠問題（失眠、惡夢和睡不安穩）、頭痛、胸悶、胃部不適等生理症狀。

2.學業和工作問題：霸凌可能干擾受害者的學習或工作，出現難以集中注意力，感到壓力重重，導致學業成績下降或工作績效不佳。甚或可能拒學、懼學、或減少參與學校活動，或因工作場所遭

受到額外的排擠和壓力，導致曠職日益增加。

3.社交孤立：受害者可能因為害怕面對霸凌者，或被排斥或感到不被理解而孤立。他們可能會遠離社交媒體和社交場合、朋友和家人，進一步加劇孤立感。因此在社交互動中出現問題，變得更加內向、不信任他人。

4.擔憂資訊洩露和隱私侵犯：某些網路霸凌可能涉及受害者的個人資訊或隱私的侵犯，這可能對其安全和隱私造成長遠的損害。

5.自傷或自殺風險：極端情況下，受害者可能因為長期受到霸凌而產生自殺念頭（有想法，沒行動）或自殺行為（有具體的自傷計畫）。這是一個極其嚴重和令人擔憂的後果，需要專業人員的危機評估，和及時的介入與支援。

6..信心和自尊心喪失：長期遭受霸凌的受害者，遭受到對其外貌、能力、課業、工作績效、信念與價值觀等的羞辱或侮辱。使受害者對自己的價值和能力產生懷疑，降低自信心和自尊心的嚴重損害，可能對自己的未來感到不安，及對未來的發展產生負面影響。

7.長期被霸凌可能導致持續的情緒傷害：

（1）焦慮和恐懼：受害者可能感到持續的焦慮和恐懼，尤其是擔心霸凌者未來持續追蹤、恐嚇或侮辱，連帶影響其日常生活和睡眠。

（2）憂鬱和情緒困擾：霸凌經歷可能引起情緒困擾，導致受害者情緒低落、無望感、自卑感、沮喪、惶恐、和情感上的混亂，嚴

重者將產生憂鬱症狀。

（3）憤怒和沮喪：受害者可能經常性地回想起霸凌事件，感到憤怒、沮喪和無力感，因為他們無法輕易擺脫被霸凌的陰影。

（4）創傷後壓力症候群（PTSD）：在嚴重的霸凌情況下，受害者可能發展出PTSD，包括噩夢、被霸凌的回憶不斷出現、和驚恐的情緒反應。

以上的反應和影響可能因受害者的個人特質、霸凌的嚴重程度和持續時間而有所不同。重要的是，對於受到霸凌的青春期孩子，提供支持和幫助是至關重要的。家庭成員、老師和學校應該儘早介入，提供心理健康支援和解決方案，以幫助受害者應對霸凌經歷，並促進他們的康復和恢復信心。此外，須提高對霸凌問題的認識，加強預防和制止霸凌行為。

很少被關注的霸凌加害者心態

霸凌加害者的心態可以是多方面的，這取決於個人特質、背景、動機以及霸凌行為的形式。然而，霸凌加害者的心態通常涉及以下幾個方面：

1.權力和控制需求：網路霸凌加害者可能有一種渴望在網路上展示權力和控制他人的強烈需求。他們可能以霸凌他人來彰顯自己的地位和影響力。

2.報復心態：有些霸凌加害者可能出於報復、仇恨、嫉妒或不

滿的心情，進而表現出霸凌行為。他們可能覺得受害者做了什麼讓他們感到不滿，並以霸凌作為報復手段。

3.社交影響力：一些霸凌加害者可能受到同儕壓力或社交環境影響，而參與霸凌行為，以獲得同儕認可或融入特定社交群體，使其感受到歸屬感。

4.低自尊心和自卑感：一些霸凌加害者透過霸凌他人，來試圖提升自身的價值感，或者尋找一種感覺優越的方式。

5.社會學習：霸凌行為可能是從他人身上觀察或模仿學到的，如家庭成員、朋友或網路上觀察到的模式。他們可能認為霸凌是一種可以接受的行為模式，並因而仿效。

6.隱藏身分和匿名感：在網路上，加害者可能感到相對容易隱藏身分和保持匿名，這使得他們更傾向於表現出霸凌行為，因為他們不容易受到直接的懲罰或後果。

7.冷漠和缺乏同理心：有些霸凌加害者可能缺乏同理心，對受害者的感受和處境不感興趣，甚至感到冷漠，使得他們更容易進行霸凌行為。

霸凌者可能也是過去的受害者

一位在青春期遭受身體霸凌的資優生，成人後反過來成為一位霸凌者，他決定前來諮商。晤談幾次後，我引領他從生命的幽暗處，往希望之光的洞口移動。他以氣若游絲的口吻形容當下，他說

彷彿看到一個山洞，山洞深處有個模糊的身影，捲縮的身影伴隨著害怕與恐懼，但也不時向外張望，幾次步履闌珊地想要走出去，卻又遲疑地停頓下來，一直不敢直視遠處微弱光線的洞口，因為內心恐懼害怕重返過去受創的場景。

在我的同理、支持與陪伴下，他終於鼓起勇氣往前走，靠近洞口前的陽光照入洞內，在微弱的光線下，出現的是滿頭白髮、面容蒼老、羸弱的身軀、緩慢的步履、微弱呼吸聲的老人樣貌。時值年輕壯碩的中年，望著過往受創的小孩，卻承載著老人的軀殼，其實是被霸凌後躲避到山洞裡不曾外出的那個過去的自己。他說好久好久沒有遇見內心的自己，將目光停駐在光線清晰照亮的身影，這身影是受創小孩逃進安全的山洞後，隨著歲月的消失逝，而出現身心消瘦與老化的形象。

經過約半年的諮商與治療後，老化樣貌的自己走出來了，中年的他迎上去擁抱他，同時也擁抱受創的自己，頓時兩眼潸然淚下，嚎啕大哭許久。伴隨眼淚流出的是壓抑已久的哀傷與失落，眼淚釋放出無比的重擔，眼淚流露出霸凌他人的內疚與自我譴責，同時眼淚也流出了帶著勇氣的生命力量，及對未來的盼望。

他知道不該如此霸凌別人，卻又無法控制過往遭受傷害帶來的憤怒，霸凌別人後又帶著無比的歉疚與自責。在生命的矛盾中，挾制已久的生命枷鎖解開了。此後，生命重生的他，不再隨意爆發脾氣，不再任意想要控制周遭的人，工作中的人際衝突減少了，所

有認識他的人都看到他未曾有過的和善與溫和的態度，整個人有了180度的轉變。

霸凌者可能也會受到心理創傷，通常這不是公眾關注的焦點，但他們也可能在參與霸凌行為的過程中經歷一些心理壓力和創傷。以下是一些可能影響霸凌者的心理創傷類型、徵候和行為反應：

1.罪惡感和後悔：一些霸凌者可能在霸凌行為後感到罪惡和後悔。他們可能在事後認識到自己的行為造成了傷害，引起心理矛盾和內疚感。

2.擔憂後果：有些霸凌者可能擔心他們的霸凌行為會帶來後果，如法律處罰、學校紀律處分或社交聲譽受損。這種擔憂將引發焦慮、不安和壓力。

3.社交隔離：如果霸凌者的行為被揭示或公開，他們可能面臨社交隔離，失去朋友和支持系統。這種孤立可能對他們的心理健康產生負面影響。

4.自尊心受損：一些霸凌者可能會在意外界對他的看法，因為他的行為可能使其自尊心受損，並擔心他人的評價。

5.恐懼和擔憂：霸凌者可能擔心受害者或其他人會報復或報警，這可能引起恐懼和擔憂，使他們感到不安全。

6.心理壓力：霸凌者知道自己的行為有可能被揭示或遭受到害怕的後果，而承受心理壓力，這可能對他們的情緒和心理健康產生負面影響。

需要強調的是，霸凌行為本身是有害的，對受害者造成嚴重的心理和情感傷害。然而，霸凌者可能過往也曾遭受到霸凌而產生心理創傷，他們參與了有害的行為，在某些情況下將影響到他們的心理健康和社交功能。

教練式父母作法

陪伴孩子走出幽閉暗室，邁向復原之路

孩子幽閉暗室的門鎖，唯有以溫柔的愛與包容，理解與尊重為鑰匙，才能打開心門邁向復原之路。當父母親遇到孩子被霸凌時，可以採取以下步驟來陪伴孩子復原：

1.確保安全第一：與學校合作確保孩子在學校和網路上的安全，參與孩子所在學校的防止霸凌計劃和活動，並與教育或專業機構保持密切聯繫，以確保孩子在學校中得到適當的支持和保護。同時盡可能監控孩子的網絡活動，以確保他們不再受到威脅。

2.聆聽和支持：首要之務是聆聽孩子的故事，理解他們的感受和經歷，並向他們表達關心和支持。讓孩子知道你願意傾聽他們，並且相信他們。父母與孩子保持開放和定期的對話，讓孩子願意分享感受和經歷，並確保他們知道父母的支持是永遠持續的。

父母切忌以下的「三不說法」：

1.禁止情緒的表露：「不要哭了，要勇敢一點」、「不要難過，要堅強」、「不要生氣了，氣也沒用」。這類的話是很認知且理性的，受害的心情需要被理解和承接，孩子也需要經歷和接受自己的負面情緒。

2.忽略受到傷害的事實：「沒有怎麼樣沒關係，人平安就好」、「時間會沖淡一切」、「事情都過了，不要想太多，忘了它吧」。這類的話看似安慰，事實上是忽略內在的感受，孩子可能覺得父母不懂他們的心，心的距離會愈來愈遠，心門也愈關愈緊。

3.沒有助益的勸告：「你要勇敢的活下去，為你自己的前途打算」、「看開一點，日子總要過下去」、「人生的路還很長，總不能一直這樣」。這些勸說的話看起來是一種鼓勵，對於正經歷傷痛的孩子幫助不大，孩子需要的是體驗當下所有酸、甜、苦、辣，五味雜陳的情緒經驗。

父母切忌以下的「七不舉動」：

1.因好奇而發問，企圖探究事發經過：想要知道真相是父母急切的心，事發當下亟欲了解事發過程與細節，請注意審問和問案的態度，有可能使孩子再次經歷二次傷害。此刻，孩子更需要的是父母能理解其內心受傷的痛苦心情。

2.與孩子爭論或企圖改變其想法：遭受霸凌的是孩子，心中的

痛只有孩子最深刻。父母不在場，不要臆測事情的經過。已發生的事實與經過是無可抹滅的，當孩子敘述遭受霸凌經驗時，不要在故事的情節上，評論孩子的過失或錯誤，同時孩子表達想法時，切忌用大人的角度和與孩子發生爭論。

3.阻止孩子重複述說創傷事件的經過：主動述說對孩子而言，具有正面的意義，當孩子試圖表達遭受霸凌的心情故事，是一種情感流露和情緒宣洩。不要以事過境遷的態度阻止孩子，更不要說：「你已經說了好幾次啦，不要再說了」、「說那麼多有什麼用」、「說再多也改變不了已經發生的事情」。這些話反而會將孩子再度推回心中的暗室。

4.企圖解除對方的情緒痛苦與困難：經歷傷痛的情緒是復原的關鍵，受害者唯有自己經歷所有傷痛的情緒，才能從傷痛中走出來，好比走出黑暗隧道迎向光明。父母在黑暗隧道中給予支持和陪伴，一起經歷此過程是重要的。

5.隨意應允不合理且未必兌現的承諾：有時父母殷切期盼孩子快速恢復以往的狀態，可能隨意答應孩子的請求。若這些請求是不合理且做不到，寧可不要答應，以免事後成為爭執或衝突的話題。適切及合理的承諾，對孩子才有即時的幫助。

6.提供含刺激成分的飲料或酒精：父母看到孩子深陷痛苦與恐懼中，心中的不捨難以言喻，為避免孩子深陷其中，若提供含有刺激成分的飲料或酒精，以為可以暫時度過傷痛，反而適得其反。

7.未經醫囑而提供藥物或現成藥方：孩子若出現嚴重的睡眠品質不良問題，或情緒起伏高漲，和深陷情緒深淵中，切勿自行到藥局購買成藥讓孩子服用，務必尋求專業醫療協助才是上策。

父母可以做的「七件事情」：

1.徵求孩子同意後才開始陪伴：當孩子說：「不要管我啦」、「離我遠一點」、「走開啦」、「我需要一個人靜一靜」，這些話聽起來是拒絕父母的關心，實則不然，父母看在眼裡也許焦急與不捨，不要因為這樣而生氣或酸嘴。**請容許並給予孩子一個安全和安靜的空間，讓他與自己的傷痛共處，自我舔傷也是自我支持與療癒，與情緒共處反而是體驗情緒並走出復原歷程的關鍵。**如果想要陪伴孩子，可以詢問並徵得孩子的同意，如果孩子同意父母陪伴但不要說話，請靜靜地坐在身旁就好，陪伴者和孩子同哀傷也無妨。這個小舉動可以讓孩子感受到父母的尊重及理解。

2.專心且耐心聆聽並支持對方：當孩子願意表達心情故事時，是一種心情的宣洩與抒發，只要專心聆聽並給予同理，尤其是情緒同理的回應（例如：好像你心裡很害怕和恐懼，看到你難過和傷心的樣子，我也覺得難過）。若孩子一而再，再而三地重述心情故事，表示心中積壓許多的負面情緒，需要更多傾聽與了解，**父母要多聽少說，不論斷或評價，持續有耐心和包容的傾聽。不是重複「聽到」孩子敘說故事，而是「聽懂」孩子故事背後的心情。「聽**

懂」比「聽到」來得重要。

　　3.真誠而實際付出的關懷態度：在孩子的同意下，以適度的肢體動作來表達關懷，例如：溫柔握著孩子的手、輕柔的搭肩輕拍、柔軟的輕撫背部、雙手環抱孩子。父母可以適度表達自己的感受，例如：「看到你淚流不止，我很心疼和難過」、「看到你把自己關起來，心痛的同時知道你是需要獨處的」、「聽到你的傷痛，我的心情也溫到谷底」、「我期望你好起來，同時不要勉強你自己」、「我知道康復需要時間，我願意陪你走一程」。這些話都可以成為孩子背後的支持與安慰。

　　4.舒緩孩子的內疚與自責的想法：倘若孩子歸責事件的發生是因為沒有聽父母的話，或是因為自己的疏忽所造成的，會產生內疚與自責，甚至於不能原諒自己。這種情形將雪上加霜，如同自我上銬與自我刑罰，此舉將導致嚴重的傷痛。父母千萬別落井下石嘲諷地說：「早就告訴你，你就是不聽」（這是責備）、「自己不小心還要怪誰」（這是責罵和歸責）、「你自作自受活該倒楣」（這是論斷）、「自己做的事就自己擔」（這是切割）。反之，**舒緩與陪伴的說詞對孩子有幫助**：「看到你不原諒自己的樣子，我和你一樣難過和痛苦」（自我揭露情緒感受）、「我感受到你因為自己的疏忽而自責」（行為與情緒同理）、「你對發生的事情很懊悔，讓你的心情過不去」（情緒同理）、「早知如此，何必當初的想法，似乎綁架了你自己」（認知同理）。不同的說法，哪一種對孩子有幫助呢？

5.協助孩子盡可能地放鬆：復原過程中，鼓勵孩子多休息或多睡眠，哪怕休息或睡眠是短暫的，但不要勉強。**如何放鬆只有孩子是最清楚的**，提醒孩子以安全為前提，詢問孩子的需要與可行的方式，只要有助於放鬆都是好方法。例如：安靜獨處、靜靜聽音樂、散步或運動、看場電影、吃吃美食或點心、數小時的外出或幾天的旅遊等，並表達有需要時爸媽願意陪伴。好方法有助於面對事實與經歷復原。反之，則遠離復原。

6.配合孩子的信仰，陪伴禱告或誦經：信仰的支持也是一種陪伴的方式，家庭成員不管有沒有相同的信仰，要以孩子的需求為優先考慮，宗教信仰的形式不是重點，重點是藉由禱告或誦經尋求心理的慰藉與精神上的支持。如果孩子沒有信仰，可以詢問孩子：**「你最喜歡和敬重的人或偶像，此刻會對你說些什麼？」、「如果有人要安慰你，你希望他們怎麼說？」**

7.尋求專業協助：如果孩子感到極度焦慮、抑鬱或其他情緒困擾，心理健康受到嚴重損害，要考慮尋求身心科醫生或心理師的專業幫助。在尋求專業協助前，父母創造一個安全、開放和支持的環境，使孩子感到可以信任和依賴，並且知道你會陪伴他們，他們不是孤單的。

孩子如果有下列的情形，請尋求專業服務：（1）當孩子經霸凌的嚴重事件，持續一個月以上。（2）當孩子的情緒持續出現激躁不

安或情緒起伏很不穩定。（3）當孩子與周遭的人互動時，有語言及情緒表達困難。（4）當孩子以異常的忙碌來逃避創傷與失落的經驗。（5）當孩子有強烈想與他人分享的需求，卻苦無對象可傾訴。

當孩子邁向康復旅途逐漸復原時，父母可以多做一點下列的事情，幫助孩子建立能力面對未來，預防事件重複發生：

1.**建立自尊心**：遭受傷害的心情可能損及自尊心，甚至產生自我貶抑。父母讓孩子知道，沒有人是完美無缺，或是故意犯錯的。接受自己的不完美與缺失，看見孩子的優勢與能力，讓孩子參與各種活動，發展自己的興趣和技能，協助孩子逐步建立自尊心和自信感。父母也可以分享成長過程中，如何建立自信與自尊。這種感同身受，能建立起支持性與親密性的親子關係。

2.**提升自我保護意識**：他山之石可以攻錯，從挫敗的經驗中學習。向孩子提供有關霸凌的教育和資訊，並識別霸凌行為與影響，尋求較佳的方法與管道，學習未來如何防範與應對。同時教導孩子安全的上網知識，以避免欺凌、霸凌、詐騙、和個資外洩的疑慮。

3.**學習建立健康的同儕社交關係**：協助孩子在學校或網路上，學習與發展社交技能，提升解決衝突的能力，以減少將來可能的霸凌風險。溝通能力在同儕間尤其重要，遇有同儕意見不合或衝突時，訓練孩子如何處理困難的人際社交情境，並鼓勵孩子學習溝通與表達。

4.**建立支持系統**：支持系統包括友善的同儕、家人和親友的支持，可以幫助他們應對和度過困難情況。讓孩子知道他們可以向哪些人尋求即時的幫助和支持。支持系統愈大，跨越難關就愈容易，缺乏支持系統，邁向復原愈不利。

心理專業人員會做哪些事情幫助你的孩子？

身體上的病痛或傷害我們會尋求醫療協助，同樣的，內心的傷痛也可以尋求心理諮商與治療。為使父母明白尋求專業協助的可能性與必要性，以下是心理諮商和治療過程的概述：

1評估和目標設定：在初次晤談前，心理師在接案晤談（intake）時，會與家長共同評估孩子的需求、問題和目標，以確認諮商與治療的方向和策略。

2.制定晤談框架：基於評估的結果，心理師會與家長和孩子，共同制定一個晤談計劃，明確列出心理師的專業背景、晤談的目標和方法、理論取向與技術、隱私保密與例外，何時孩子單獨談，何時與父母一起談、晤談時間和次數的框架、收費方式、何時結案、效果評估等等。

3.建立信任關係：晤談開始建立信任是至關重要的。心理師致力於建立積極、尊重和支持的關係，以確保當事人感到舒適和安

心。心理師的情感支持和理解，幫助孩子處理情感與壓力，確保孩子知道他們不是孤單的。

4.諮商與治療方式：在晤談過程中，心理師基於理論與技術的專長，會使用不同的心理諮商方法與治療技巧，以幫助當事人面對情感、行為和心理健康的議題。

5.監測進展：心理師會提供有關情緒管理、問題解決、溝通等方面的指導和技能提升。同時，心理師會與家長回顧晤談進展，以確保晤談是否達到了預設的目標和復原的進展。

6.結束晤談與後續支持：當晤談接近預期的目標時，會與家長和孩子討論結束晤談與後續的計劃。以確保晤談結束後繼續維持穩定與康復的狀態。

哪些心理諮商與治療取向
對處理霸凌受害者有幫助？

心理諮商與治療學派非常多，每個學派都有其獨特的理論、方法和技巧。心理師在協助父母和孩子面對霸凌時，會提供情緒支持、教育、技巧和資源，幫助家庭應對這一困難情況。他們的目標是幫助父母和孩子復原，並創建一個支持和安全的環境，以促進孩子的心理健康和幸福。同時，每位心理師都有自己的學派取向和專業風格，父母尋求專業協助前，先行了解心理專業人員是如何幫助

霸凌受害當事人，便能安心地在專業協助過程中，給予孩子最大的陪伴與幫助。有很多的理論取向對處理霸凌都有幫助，以下僅僅提供兩種不同的諮商與治療取向：

1. 情緒焦點療法（Emotion-Focused Therapy, EFT）

EFT是一種以情緒為中心的心理治療方法，它強調與重視：

（1）協助孩子感知情緒：對情緒感知和情緒的覺察與理解。情緒經驗是人類行為和心理狀態的重要驅動力，情緒不僅是生理反應，還包括情緒所帶來的心理、生理和行為變化的互相影響。

（2）通過探索和表達當事人的情緒，深入了解自己的情感經驗，包括情緒的身體感知、情緒的語言表達、和肢體語言（臉部表情、眼神、聲音語調、姿勢動作、姿態等）的涵義。情緒的積極轉變對心理健康改善是有幫助的。

（3）情緒有其適應性功能，幫助人們應對環境變化、滿足需求和保護自己。當個人能夠適當地感知和表達情緒時，情緒可以轉化為更健康的經驗，有助於心理健康和人際關係。

（4）情緒的體驗、接納與轉化：鼓勵受害者接納自己的情緒，探索情緒背後的意義和來源，體驗情緒並理解情緒的合理性，轉化不健康或受阻礙的情緒。當情緒的接納、探索、表達和整合時，可以實現情緒的積極改變，有助於減輕情緒壓力，促進情緒的健康表達。

2. 認知行為治療（Cognitive Behavior Therapy, CBT）

　　CBT是一種基於認知和行為的心理治療方法，人們的情緒和行為受到他們思維模式的影響，改變不健康的思維和行為模式，有助於處理情感困擾和行為問題，以改善心理健康議題。CBT的目標是幫助受害者恢復自信、建立健康的情感和行為模式，並提高他們的生活品質，改變負面思維和情感，並學習應對霸凌事件的策略。它的方式與作法如下：

　　（1）了解認知三元組：認知三元組包括思維、情感和行為之間的相互關係。當個人經歷傷害時，思維模式可能變得負面，進而影響情感和行為。受害者可能經歷焦慮和抑鬱，CBT協助當事人面對與處理這些情緒，通過挑戰不健康的思維模式來減輕症狀。

　　（2）識別與改變負面自我評價：受害者可能會形成負面的自我評價，認為自己無助、無價值或無能，CBT關注如何識別和改變這些自我負面評價，幫助當事人建立正面自我概念，提升自信與自尊。

　　（3）了解逃避或逃離行為的意涵：受害者可能會採取逃避或逃離的行為以保護自我，但這可能導致退縮行為、社交孤立、和情緒困擾。CBT幫助當事人了解逃避或逃離的背後意義及產生的影響，建立健康的應對策略。

　　（4）認知重組：此技術來幫助受害者識別並改變不健康的思維模式。這包括辨認負面的自動思維，挑戰它們的合理性，並發展更正向、健康、平衡的思維方式。並透過行為實驗，試驗新的行為反

應方式。

（5）目標設定和自我管理：CBT協助受害者設定實際的目標，並提供自我管理策略，以實現這些目標。這有助於增加受害者的自信和自我效能感。

黎巴嫩詩人紀伯倫（Kahlil Gibran, 1883-1931）的著作《先知》（*The Prophet*）是他創作出最優美、最深刻的散文詩作品之一。他曾飽受顛沛流離、痛失親人、愛情波折、債務纏身與疾病煎熬之苦。其作品既反映出理性思考的嚴肅與冷峻，又有詠嘆調式的浪漫與抒情。**紀伯倫認為「受傷者需要仁愛，憂苦者需要溫柔」，可以做為父母面對孩子傷痛的最高指導原則。**我用他的詩作為本篇的結尾，透過這首詩的意境，讓我們一起陪伴受傷的孩子，面對痛苦的同時，也能看見快樂的泉源和希望。

痛苦好比果子的核必得裂開以使它的心曝曬，

於陽光下，同樣的，你也必須知道痛苦。

如果能保持你的心驚奇於每日生命的奇蹟，

你的痛苦便不會比你的快樂少一分奇妙了；

你便會接受你心的每一個季節，

好比你一向接受那經過你田地的每一季節。

你便能寧靜的觀察你痛苦的冬季。

你的痛苦多半是自取的，

它是你內在的醫生治療你心病的苦方。

你的快樂是你除去了面具的悲傷，

在湧出你歡笑的同一口井，往往也充滿了你的淚水。

悲傷在你心中切割得愈深，你便能容納愈多的快樂。

盛著你的酒的杯，不正是曾受過陶工的窯火燒煉的杯嗎？

那撫慰你心靈的琵琶，不正是那被刀子挖空了的木頭嗎？

當你快樂時，深察你的內心吧。

你必會發現，只有那曾令你悲傷的，正給你快樂。

當你悲傷時，再深察你的內心吧。

你必會明白，事實上你正為曾給你的快樂的事物哭泣。

你像秤一般懸掛於你的快樂與悲傷之間。

當你心中空無一念時，你才能平衡靜止。

教練式父母——提問與反思

- 當你聽到孩子遭受霸凌時，如何在不慌亂和焦慮不安的情況下，採取有效的方法幫助孩子？你第一步會做什麼？接著你會做什麼？

- 你的教養方式和溝通模式，有哪些對於受傷的孩子是有幫助的？

- 如何應用與擴大這些方式和模式，幫助孩子邁向復原之路？

- 當你看到孩子的哪些行為徵兆或情緒反應時，你要尋求專業資源和協助呢？

和你一樣，
我當過孩子，也當上父母

人生好比登山，登頂之後就要下山。

從山腳下開始登山，面對的未知的途徑。也許自己認為登山很簡單，也許認為登山很麻煩。認為簡單也許是爬小山，認為麻煩也許是登高山。不管是爬小山或登大山，真正進入旅途後，與我們事先想像的可能有極大的差異。

不管登山或下山，沿途所經之地，有時是蜿蜒曲折，有時柳暗花明，有時像在陡坡上爬行，有時要膽戰心驚下行。有時是晴朗好天氣，有時陰晴不定，甚至在霧中迷失了方向。途中走累了，有時需要短暫休息，有時要紮營露宿。要耗掉極大的體力是免不了的。

沿途所見，可能見到平常不易看到的花朵樹木，有時會看見蒼天大樹，有時被地形地貌，給驚訝折服，有時又讚嘆造物主創造之美。登山途中，讓人心曠神怡，敞開心胸，一吐穢氣，呼吸新鮮空氣。有時從大自然中體驗人生，而經歷高峰經驗，一切變得自然平順，不再計較旅途的艱苦。

　　出生幼兒好比在登山的起點，登頂好比人生的中年高峰，下山彷彿是邁向老人與生命的終點。人的角色從兒子、女兒開始，到結婚成為先生或妻子，生了孩子後，又轉變成爸爸或媽媽的角色。好不容易拉拔孩子長大，成家立業，我們就開始準備下山，兒女們生了小孩，我們又變成了祖父、祖母。這些角色的轉變，猶如登山下山的過程。

　　人的成長需要花多少時間？你會經歷日出日落，黑夜與白天更替；春夏秋冬的四季輪替，年復一年的時間推移，時間無法逆轉。**父母之路是一條成長之路，需要耐心等待孩子與自己的成長。**如果有人問我：「照顧孩子只需哪一樣資格？」我會說「除了耐性，還是耐性。父母，你的名字叫『耐心』。」你認同我的看法嗎？

　　生命之旅，每個人的經歷各自不同，所見所聞皆有差異。有人旅途平順，有人坎坷難行，有人大起大落。不管際遇如何，凡走過的都有深刻的意義，這一趟登山與下山，是每個人的特殊之路，沒有兩個人相同。唯一相同的是我們都沒有退路，都在經歷不同的角色。

　　對我而言，撰寫本書也是一趟旅程，有我的生命經驗與故事，有我周遭所聽、所聞、所見，有我教學生涯中遇見的真實故事，也有我輔導或諮商學生的真實案例。其中有我過去身為孩子的成長經歷，也有現在身為人父的教養體驗，以及身為教育工作者，陪伴與

教導學生的實務經驗。

每一個故事都給我深刻的生命省思。中年（登頂）是一個面對上一代逐漸衰老凋零（下山），及下一代逐漸茁壯長大（登山）的時刻。回顧自己的來時路，看看自己的未來路，突然有種新的生命體會與領悟。

感謝造物主，賜給我一位不完美的父母，我學習接納自己是一位有限的父親，讓我有更寬大的氣度，接受自己不完美的孩子。人需要用寬容面對生命中的所有經歷。常聽見一句話：「生命不在長短，而在美好」。曾經抱怨父母親，對待我與弟弟之間的態度與待遇不公平，曾經對父母有過多的期待與要求，曾經覺得為什麼我的父母不能像別人的父母一樣，現在我覺得所有發生過的故事，都是我生命中真實的一部分，我接納所有我經歷的一切。

所有走過的路，都成為下一階段的生命基石。當父母真的很不容易，當好父母或完美的父母更難，讓我們接受自己的不足與不完美，迎向生命的豐盛與美好。

Coach父母學（全新增訂版）
從「教養」變「教練」，諮商博士教你面對難懂的青春期兒女
© 陳恆霖

Traditional Chinese edition© 2023 by Briefing Press, a Division of AND Publishing Ltd
All Rights Reserved

書系｜知道的書Catch on!　書號｜HC0031R

著　　　者	陳恆霖
美 術 設 計	郭嘉敏
行 銷 企 畫	廖倚萱
業 務 發 行	王綬晨、邱紹溢、劉文雅
總　編　輯	鄭俊平
發 行 人	蘇拾平

出　　　版　大寫出版
發　　　行　大雁出版基地 www.andbooks.com.tw
　　　　　　地址：新北市新店區北新路三段207-3號5樓
　　　　　　電話：(02)8913-1005　傳眞：(02)8913-1056
　　　　　　劃撥帳號：19983379　戶名：大雁文化事業股份有限公司

二 版 一 刷　2023年12月
定　　　價　500元
版權所有‧翻印必究
ISBN 978-626-7293-34-8
Printed in Taiwan‧All Rights Reserved
本書如遇缺頁、購買時即破損等瑕疵，請寄回本社更換

國家圖書館出版品預行編目（CIP）資料

Coach父母學：從「教養」變「教練」，諮商博士教你面對難懂的青春期兒女
/ 陳恆霖 著｜二版｜新北市｜大寫出版：大雁出版基地發行，2023.12
360面；16x22 公分. --（知道的書Catch on!；HC0031R）
ISBN 978-626-7293-34-8（平裝）

1.CST: 親職教育　2.CST: 子女教育　3.CST: 親子關係

528.2　　　　　　　　　　　　　　　　　　　112019407